R. Mobbe

Die Chronik Hermanns von Reichenau

Europäischer Geschichtsverlag

R. Mobbe

Die Chronik Hermanns von Reichenau

1. Auflage | ISBN: 978-3-73400-648-7

Erscheinungsort: Paderborn, Deutschland

Erscheinungsjahr: 2015

Europäischer Geschichtsverlag ist ein Imprint der Salzwasser Verlag GmbH, Paderborn.

Nachdruck des Originals von 1892.

R. Mobbe

Die Chronik Hermanns von Reichenau

egv

Die
Chronik Herimanns von Reichenau.

(Geschichtschreiber. Elftes Jahrhundert. Vierter Band.)

Die Geschichtschreiber
der
deutschen Vorzeit.

Zweite Gesammtausgabe.

Elftes Jahrhundert. Vierter Band.
Herimann von Reichenau.

Zweite Auflage.

Leipzig,
Verlag der Dykschen Buchhandlung.

Die Chronik
Herimanns von Reichenau.

Nach der Ausgabe der Monumenta Germaniae

übersetzt von

Professor K. Nobbe.

Zweite Auflage.

Durchgesehen von W. **Wattenbach.**

Leipzig,
Verlag der Dykschen Buchhandlung.

Vorrede.

Heriman oder Hermann, der Lahme (contractus), ist eine der anziehendsten Persönlichkeiten aus der mittelalterlichen Mönchswelt. Von Kindheit an gichtbrüchig, des Gebrauchs seiner Beine beraubt, mit lahmen Fingern, kaum im Stande verständlich zu sprechen, unfähig ohne fremde Hülfe auch nur seine Lage zu verändern, hat er doch nicht nur eine für seine Zeit staunenswerthe Gelehrsamkeit sich erworben und zahlreiche Werke verfaßt, sondern auch als Lehrer eine große Wirksamkeit gewonnen und viele Schüler gebildet, welche mit rührender Liebe ihm zugethan waren. Trotz seiner schweren Zunge wird seine Beredsamkeit und seine Schlagfertigkeit in der Disputation gerühmt. Ja, er verstand sogar mit besonderer Kunstfertigkeit Uhren, musikalische und mathematische Werkzeuge zu verfertigen. Auch war er immer heiter und liebenswürdig und ließ sich nie durch sein trauriges Geschick verstimmen; dabei musterhaft in der Erfüllung aller kirchlichen und menschlichen Verpflichtungen und energischer Vorkämpfer der Orthodoxie.

Wir erfahren das alles durch den ausführlichen, tiefgefühlten Nachruf, welchen ihm sein Schüler und der Fortsetzer seiner Chronik, Berhtold, am Eingange seiner Chronik gewidmet hat.[1] Nur dadurch steht sein Bild weniger schattenhaft vor uns, als das der meisten Autoren dieser Chroniken.

---

[1] Uebersetzt von Grandaur, Geschichtschr. XI. Jahrh. 9. Band.

Hermann war von hoher Abkunft, ein Sohn des Grafen Wolfrad, dessen gleichnamiger Vater 1004 von Heinrich II die Grafschaft im Eritgau erhielt. Vermuthet wird, daß sie von den Berchtoldingen, dem Geschlecht der alten alamannischen Volksherzoge stammten, und daß wieder die Grafen von Württemberg und andere von ihnen abstammten. Ihr Stammgut, nach welchem sie sich nannten, war Alshausen oder Altshausen im Oberamt Saulgau, wo Hermanns Mutter Hiltrud bestattet wurde und wo auch er selbst seine Ruhestätte fand. Hermanns Bruder Mangold, der Stammhalter des Geschlechts, nannte sich aber Graf von Veringen, und vererbte diesen Namen auf seine Nachkommen.

Geboren ist Hermann, wie er selbst berichtet, am 18. Juli 1013. Ein älterer Bruder, Wolfrad, war schon vorhanden; so wurde er, und nach ihm auch sein 1021 geborener Bruder Werner, für den geistlichen Stand bestimmt. Vermuthlich hat bei Hermann auch seine Schwächlichkeit, andererseits wohl die frühzeitig hervortretende ungewöhnliche geistige Befähigung zu diesem Beschluß mitgewirkt. Schon am 15. September 1020 wurde er der Schule übergeben — litteris traditus, was man auch so deuten kann, daß er für die Studien bestimmt wurde, allein dazwischen ist kein Unterschied, da die Laien längst aufgehört hatten, mit solchen Dingen sich zu beschäftigen, was wenig später Wipo als eine deutsche Unsitte beklagt[1].

Daß er gleich damals nach Reichenau kam, ist wohl nicht zu bezweifeln; es war durchaus üblich, und ja auch den Verhältnissen entsprechend, daß ein Knabe in das Kloster eintrat, in dessen Schule er aufgewachsen war, und er würde kaum unterlassen haben, es zu bemerken, wenn er an einen anderen Ort gebracht wäre, und von der späteren Übersiedelung zu

---

[1] Solis Teutonicis vacuum vel turpe videtur, ut doceat aliquem, nisi clericus accipiatur.

berichten. Auch war schon Rudpert, ein Oheim seiner Mutter, wie Hermann zum Jahre 1006 berichtet, Mönch im Kloster; so vornehme Knaben waren aber willkommen, und es kann daher dagegen nicht ins Gewicht fallen, worauf A. Schulte[1] hingewiesen hat, daß eben damals zwischen dem Grafen Wolfrab und dem Kloster Mißhelligkeiten entstanden, welche den Abt Bern, aber doch erst etwas später, veranlaßten, den Namen des Grafen mit lupi consilium, Wolfesrath, zu übersetzen.

In mancher Hinsicht war Hermann für das Mönchsleben sehr geeignet, durch seine Enthaltsamkeit — er soll niemals Fleisch genossen haben — und seine Keuschheit, auch in Worten und Gedanken, so wie den willigen Gehorsam, aber für manche der vielerlei Anforderungen, welche an die Genossen einer reichbegüterten Abtei herantreten, war er wegen seiner körperlichen Hinfälligkeit doch nicht zu brauchen, und Priester konnte er auch nicht werden, obwohl er an Gottesdienst und Lobsingen sich eifrig betheiligte. Es waren daher wohl seine hervorragende geistige Bedeutung und seine erstaunliche Gelehrsamkeit, welche er vermuthlich auch schon früh für den Unterricht verwendete, wodurch der Abt Bern, selbst ein großer Gelehrter und sein Lehrer, bewogen wurde, ihm, nachdem er schon das dreißigste Jahr erreicht hatte, zuzureden, daß er das Mönchskleid annahm.

Als eine der größten Zierden seines Klosters hat nun Hermann hier als Schriftsteller und als Lehrer gewirkt bis an seinen Tod am 24. September 1054, in seinem 41. Lebensjahr.

Seine Schriften betreffen vorzüglich die Mathematik, Astronomie und Musik. Letztere übte er auch für den Dienst der Kirche durch Erfindung von Melodien für kirchlichen Gesang und Dichtung von Sequenzen und Antiphonen. Mit ungewöhn=

---

[1] Zeitschrift für Geschichte des Oberrheins, N. F. III, S. 351. An der Identität der Person ist wohl nicht zu zweifeln.

licher Gewandtheit wußte er die mannigfaltigsten und schwierigsten Versmaße zu behandeln, und davon ist ein überaus schönes und werthvolles Zeugniß uns erhalten in seinem Gedicht über die acht Hauptlaster, welches er um 1045 an die Nonnen eines unbekannten Klosters richtete.[1]) Es sind sehr ernstliche Ermahnungen, aber der Ernst verbindet sich mit Scherz und anmuthigen Wendungen. Die gerühmte Liebenswürdigkeit Hermanns tritt uns darin anschaulich vor Augen.

Uns beschäftigt hier in besonderer Weise nur seine **Chronik**. Diese galt lange Zeit als ein Zeugniß seiner außerordentlich ausgebreiteten Belesenheit und seiner kritischen Sorgfalt. Es fehlte damals noch an einer chronologischen Zusammenfassung der Weltgeschichte, welche sich in würdiger Weise an die Werke des Eusebius und Hieronymus anlehnte. Die vorhandenen Zusammenstoppelungen waren ungemein dürftig und lückenhaft. Hier zuerst zeigte sich eine verständige Bearbeitung des zuverläßigsten Materials, wenn auch nur äußerlich, chronologisch. Es ist jedoch in neuerer Zeit von H. Breßlau nachgewiesen worden, daß Hermann bis zum Jahre 1043 ein älteres, damals neues Werk benutzt hat, welches Breßlau als die **Schwäbische Weltchronik** bezeichnet; aus demselben schöpfte auch der dürftige und ungeschickte Auszug, welcher früher für einen Auszug aus Hermanns Chronik gehalten wurde[2]. Aus demselben Werk schöpften auch die größeren Jahrbücher von St. Gallen, und Wipo legte den betreffenden Abschnitt seinem Leben Konrads II zu Grunde, wie schon Steindorff nachgewiesen hatte. Da leider das ohne Zweifel bedeutende Werk, welches wahrscheinlich in St. Gallen entstanden ist, uns fehlt, so können wir auch nicht wissen, wie viel doch vielleicht Hermann noch

---

[1]) Herausgegeben von E. Dümmler in der Zeitschrift für Deutsches Alterthum XIII, 385—434.

[2]) Ausgabe von Breßlau als Chronicon Suevicum universale a. 769—1043, Mon. Germ. XIII, 61—72; vergl. seine Abhandlung im Neuen Archiv II, 576—596.

hinzugethan hat. Für die ältere Zeit sind die Quellen bekannt und dieser Haupttheil der Chronik hat für uns keinen Werth. Die Übersetzung beginnt deshalb erst mit dem Jahre 901, von wo an freilich auch noch die Reichenauer, Hersfelder und Hildesheimer Annalen (welche aber uns nur unvollständig bekannt sind) die Grundlage bilden, aber doch schon eigene Zusätze vorkommen; namentlich hat auch Hermann einige Nachrichten über seine Person und seine Familie aufgenommen, welche uns sehr willkommen sind. Endlich vom Jahre 1040 an bis in sein Todesjahr 1054 hat er über die Begebenheiten seiner eigenen Zeit mit einer Ausführlichkeit berichtet, welche sich von der knappen Kürze des älteren Theils sehr unterscheidet. Reichenau lag an einer der großen Straßen nach Italien und war sehr geeignet, um Nachrichten von allen Seiten zu sammeln. Was uns Hermann berichtet, ist sehr zuverlässig; und es ist erstaunlich was er über die Ereignisse in Ungarn und in Holland in Erfahrung gebracht hat. Doch bleibt er auf der Oberfläche, und befriedigt nicht unsere Wißbegier. So hätte er namentlich über die für die Kirche so hochwichtigen Vorgänge in Rom, vorzüglich im Jahr 1046, uns billig mehr mittheilen sollen; man wird doch auch in der Reichenau viel darüber gehört und geredet haben. Von dem eigentlichen inneren Zusammenhange der Begebenheiten aber mag er selbst nicht viel gewußt haben; ein eigenes Urtheil auszusprechen hielt er nicht für seine Aufgabe, doch verschweigt er nicht, daß Heinrich III, dessen Besuch im Kloster 1048 dort große Freude erregt hatte, später die auf ihn gesetzten Hoffnungen nicht erfüllte.

Man hat vermuthet, daß eben der Besuch des Kaisers 1048 und des Papstes Leo IX im folgenden Jahr ihn erst zur Ausarbeitung seiner Chronik angeregt haben, und darauf hingewiesen, daß, als er vom Jahr 1008 berichtete, der Abt Bern schon (1048) gestorben war, daß er 1009 bei der Vermählung seines Vaters schon dessen 15 Kinder erwähnt, daß 1034 schon die 12 Regierungsjahre des damals eingesetzten Bischofs Eberhard von Constanz angegeben werden. Diese Stellen betreffen jedoch nur den letzten Theil der Chronik, während gerade der vorhergehende lange und umfassende Arbeit erforderte. Wenn er aber hierfür die fertige Unterlage in dem erwähnten Werk schon vorfand, so genügten allerdings wenige Jahre. Immerhin möchte es doch anzunehmen sein, daß er schon früher begonnen hatte, Nachrichten über Heinrichs III Regierung zu sammeln und aufzuschreiben; vielleicht waren ihm auch Aufzeichnungen von Wipo zugekommen.

Die 1851 vom Herrn Professor Nobbe verfaßte Übersetzung habe ich durchgesehen und berichtigt, auch einige Anmerkungen hinzugefügt. In den Ortsnamen und Eigennamen ist meistens, doch nicht immer, die ältere Form hergestellt, für Augia jedoch der einmal geläufige Name „Reichenau" gelassen, obgleich er dieser Zeit noch fremd ist.

Berlin, Nov. 1892.

W. Wattenbach.

Die
Chronik Herimanns von Reichenau.

Herimanns Chronik.

Ludowich das Kind 12 Jahre.

Jahre Christi.

901. Die Ungarn wurden auf ihrem Marsch nach Kärnten in einem Treffen besiegt und in die Flucht geschlagen. In demselben Jahre schlossen der Herzog Mohmar von Mähren und der Norische Graf Isanrich, der sich zu ihm geflüchtet hatte, mit dem König Ludowich Frieden.

902. Die Ungarn greifen die Mährer an, werden in einem Treffen besiegt und nehmen die Flucht. In eben diesem Jahre wurden Beringer, Reginolf und Gerhard, leibliche Brüder edler Abkunft, Söhne des Grafen Ato und der Adellinde, nicht weit von dem Nonnenkloster Buchau[1] in dem Alamannischen Erichgau[2], welches ihre Mutter um diese Zeit in frommem Eifer zu Ehre der heiligen Märtyrer Cornelius und Cyprian erbauet hatte, als sie ihre Schwester, eine Jungfrau, in der Absicht sie zu vermählen, heimlich daraus entführten, von ihren Feinden umringt und getödtet, und von ihrer Mutter bei dem Kloster begraben. Dort wurde auch sie selbst, als sie, nach ihrer Rückkehr von ihrer Wallfahrt nach Jerusalem und andern heiligen Orten, ganz dem Dienste und der Sorge für das Seelenheil hingegeben, ihr Leben glücklich beschloß, beigesetzt, nachdem noch ihre gleichnamige Tochter, die Nonne war, als Aebtissin daselbst eingesetzt worden.

[1] Am Federsee; das Kloster selbst ist jedoch viel älter.
[2] Zwischen der Donau und dem Bodensee, auch Eritgau genannt.

904. Zu Rom saß nach Benedict Leo der fünfte, vorher ein Leutpriester, als 120. Pabst ungefähr 2 Monate. Nach ihm, wie ich bei Einigen gefunden habe, saß Christoforus, vorher Cardinal, als 121. Pabst 4 Monate auf dem päpstlichen Stuhle, er wurde aber entsetzt und zum Mönch gemacht.

905. Zu Rom saß Sergius III als der 122. Pabst 7 Jahre und 4 Monate.

906. Der edle und kriegerische Adalpert von Babenberg, ein Franke, besiegte seinen Nebenbuhler Konrad in einer Schlacht und tödtete ihn nebst vielen Andern.

907. Adalpert wurde, da seine Güter als die eines Rebellen vom König Ludowich verwüstet und seine Burg belagert wurde, angeblich durch Verrath des Erzbischofs Hatto und eines gewissen Liutpald, auf welche er sich sehr verließ, zum König Ludowich durch Vorspiegelung eines Vertrags gebracht, aber enthauptet. Die Baiern wurden in einer Schlacht von den Ungarn besiegt.

908. Die Ungarn verwüsten Sachsen und Thüringen weit und breit. Liutpald wurde getödtet [1].

909. Die Ungarn fallen in Alamannien ein und verwüsten es.

910. Die Ungarn greifen Franken an und behalten in einer Schlacht die Oberhand. Adalbero, der ehrwürdige und berühmte Bischof von Augsburg, starb; nach ihm regierte Hiltine 13 Jahre.

911. Der junge König Ludowich stirbt, und wird zu Regensburg begraben. Nach ihm wurde, da in unseren Landen der königliche Stamm ausging, Konrad, der Sohn Konrads, zum König erwählt und gesalbt, und regierte 7 Jahre. Burchard, Herzog von Alamannien, wurde bei einem Aufruhr auf seinem Landtage getödtet; für ihn drängte sich Erchanger zu dem Herzogthum.

---

[1] Der Herzog von Baiern, welcher 907 am 5. Juli in der Schlacht gegen die Ungarn fiel.

König Konrad 7 Jahre.

912. Die Ungarn griffen wiederum Baiern an, litten aber von den vereinten Heeren der Baiern und Alamannen am Fluß Inn eine große Niederlage. In diesem Jahre erschienen Kometen. Rudolf, König von Burgund, starb, und dessen Sohn Rudolf waltete 25 Jahre in diesem Königreiche. Zu Rom saß Anastasius der zweite als der 123. Pabst 2 Jahre und 2 Monate. Zu St. Gallen starb der gelehrte Magister Notker. Der Bischof[1] Otpert wird erschlagen; Einhard[2] wird geblendet.

914. Die Ungarn verwüsten bei einem abermaligen Ausfall Alamannien. Zu Mainz folgte nach dem Tode des Erzbischofs und Reichenauer[3] Abtes Hatto Heriger in Erzbisthum und regierte 14 Jahre, in der Abtei aber Hug als 18. Abt und regierte 1 Jahr.

913. Salomon, Bischof von Constanz und Abt des Klosters zu St. Gallen, wurde von einem Verwegenen[4] gefangen und in Haft gebracht. Zu Reichenau regierte nach Hugo Thieting als 19. Abt 3 Jahre.

915. Zu Rom saß Lando als 124. Pabst auf dem päbstlichen Stuhl 5 Monate; nach ihm Leo VI als 125. Pabst ungefähr 2 Monate, und nach ihm Johann X als 126. Pabst 14 Jahre und 2 Monate.

916. Die Ungarn brechen wieder heraus und verwüsten unter andern fast ganz Alamannien mit Feuer und Schwert jämmerlich. In demselben Jahre ward zu Altheim vor einem päbstlichen Boten eine Synode gehalten. Zu Reichenau regierte, nach dem Ableben des Abtes Thieting, der 20. Abt Heribraht 10 Jahre. Zu St. Gallen wurde die heilige Jungfrau Wiborada in engern Gewahrsam gebracht.[5]

---

[1]) Bischof zu Straßburg. — [2]) Der Speiersche Bischof.
[3]) Im Text immer nur Augia genannt.
[4]) Graf Erchanger. — [5]) Nämlich als Klausnerin.

917. Die Ungarn zerstören, nachdem sie, wie sie begonnen, Alamannien verheert haben, die Stadt Basel, und fallen von da nach Verwüstung des Elsaß in Lothars Reich mit vielen Plagen ein. Erchanger, der sich in das Herzogthum Alamannien eingedrängt hatte, und sein Bruder Berhtold führen als Rebellen Krieg gegen den König Konrad und ergeben sich endlich in Hoffnung auf einen Vertrag, werden aber auf dessen Befehl bei dem Weiler Albingen[1] am 21. Januar enthauptet.

918. Burghard wurde Herzog von Alamannien, und setzte sich in Besitz der Herrschaft; der König Konrad starb.

919. Graf Heinrich, von Geburt ein Sachse, wurde für den königlichen Thron erkoren, und regierte, ohne sich salben zu lassen, 18 Jahre. In der Schlacht bei Winterthur zwischen Rudolf, König von Burgund, und dem Herzog Burghard von Alamannien wird der König vom Herzog besiegt und in die Flucht geschlagen. Nach dem Ableben Salomons, Bischofs zu Constanz und Abts des Klosters zu St. Gallen, waren dessen Nachfolger Noting im Bisthum 15, und Hartmann in der Abtei ungefähr 4 Jahre.

König Heinrich der Aeltere 18 Jahre.

920 Der König Karl von Gallien kam nach Franken. Zu St. Gallen ward die Jungfrau Rachildis eingeschlossen.

922. Liuthard wurde von dem Herzog Burkhard nach Unterdrückung Heriberts zu Reichenau als Probst eingesetzt und die Mönche verbannt.

923. Das Blut des Herrn wird auf die Insel Reichenau von einer Frau gebracht, wie in einer schriftlichen Erzählung dort enthalten ist. Zu St. Gallen wurde Engilbert als Abt eingesetzt und regierte 9 Jahre.

---

[1] Albingen am Neckar unterhalb Cannstadt, oder Albingen auf der Baar in der Nähe der Quelle des Neckar.

924. St. Udalrich wurde als Bischof zu Augsburg ordinirt, und regierte mit bewundernswerther Frömmigkeit und Gottesfurcht 50 Jahre lang.

925. Als die Ungarn wieder verwüstend Alamannien durchzogen und bis an das Kloster von St. Gallen kamen, so wurde von einem derselben die eingeschlossene Jungfrau Wiborada nach Erbrechung ihrer Zelle ermordet und mit dem Märtyrerthum gekrönt, Rachildis aber, ihre Hausgenossin, durch Gottes Gnade unversehrt erhalten.

926. Die Ungarn stürmen nach der Verwüstung Alamanniens durch ganz Franken, Elsaß und Gallien mit Feuer und Schwert wüthend. Der Herzog Burghard wird getödtet. Der König Heinrich hält eine große Versammlung zu Worms. Herimann wird zum Herzog von Alemannia befördert. Zu Reichenau wurde Liuthard 21. Abt und regierte 8 Jahre.

927. Heriger, Erzbischof zu Mainz, starb, und für ihn erhielt Hildipert das Erzbisthum.

929. Zu Rom saß Stephan VII als 127. Pabst auf dem heiligen Stuhle 2 Jahre und 1 Monat.

930. König Heinrich geht nach Böhmen.

931. Zu Rom saß Johann XI als 128. Pabst 4 Jahre auf dem päbstlichen Stuhle. Der König Heinrich bewirkte, daß die Könige der Abodriten und Nordmannen Christen wurden, und ging selbst nach Gallien.

932. Die Ungarn wurden bei einem Einfall in das Land der Soraben von dem Heere des Königs Heinrich mit großem Verlust an Todten in die Flucht geschlagen und viele derselben gefangen.

933. Zu St. Gallen regierte der Abt Thieto ungefähr 10 Jahre.

934. Zu Constanz wurde nach dem Ableben des Bischofs Noting der durch hohen Adel des Geschlechts und der Gesinnung

8 Herimanns Chronik.

ausgezeichnete Konrad als Bischof ordinirt, und regierte ungefähr 41 Jahre die Kirche rühmlichst. Auch zu Reichenau regierte nach Liuthard der ehrwürdige Alawich als 22. Abt 25 Jahre.

935. Zu Rom saß Leo VII als 129. Pabst auf dem heiligen Stuhle 3 Jahre 6 Monate.

936. König Heinrich starb und wurde in Sachsen zu Chutilineburg[1], einem Nonnenkloster, begraben. Für ihn übernahm sein Sohn Otto das Ruder des Reichs und regierte kräftig ungefähr 38 Jahre.

Otto der Große 38 Jahre.

937. Die Ungarn zogen durch Baiern, Alamannien und Ostfranken mit Raub, Feuer und Schwert wüthend, und nach dem Uebergang über den Rhein bei Worms, Elsaß, Lothringen und die angrenzenden Länder Galliens bis an den Ocean verwüstend, kehrten sie endlich durch Burgund und Italien nach Pannonien zurück. Die Klöster des heiligen Bonifaz und des heiligen Gallus gehen in Feuer auf. In demselben Jahre starb König Rudolf von Burgund und wurde in Agaunum[2] beim heiligen Moritz begraben, und dessen Sohn Konrad übernahm für ihn die Regierung. Nachdem auch Arnolf, der Herzog von Baiern, gestorben war, bekam dessen Herzogthum Bertolf. Die Baiern empören sich mit vielen Andern gegen den König Otto.

938. Der König Otto rückte mit seinem Heere gegen die Baiern vor. Inzwischen wurde sein Bruder Heinrich von Eberhard gefangen. Nach dessen Befreiung und Eberhards Verbannung griff er die Baiern wieder mit einem Heere an, und unterwarf alle außer Arnolf, dem Sohn Herzog Arnolfs von

---

[1] Quedlinburg.
[2] Der Flecken St. Moritz im Kanton Wallis.

Baiern. Inzwischen fielen die Ungarn in Sachsen ein, wurden aber von den Sachsen in einer Schlacht besiegt und mit blutigen Köpfen zurückgeschlagen. Zu Rom regierte Stephanus VIII, der 133. Pabst, 3 Jahre und 4 Monate.

939. Der König Otto greift die aufstänbischen Lothringer an und kommt mit dem Heere bis nach Chievremont[1]. Indessen fällt der König Ludowich von Gallien, Karls Sohn, in Elsaß ein; allein erschreckt durch Otto, der als er dies erfuhr, wiederkam, ging er in sein Reich zurück. Während der Belagerung der Burg Breisach durch den König Otto kamen die Häupter des Aufruhrs, Herzog Eberhard, der getödtet wurde, und Herzog Gisalbert, der im Rhein ertrank, um, und die Bischöfe und Andere, die mit ihnen gegen den König gegangen waren, wurden in die Flucht geschlagen und zerstreut. Der König Otto aber wendete sich nach Uebergabe der Burg wieder gegen Lothringen und unterjochte dort alle Aufstänbischen außer dem Bischof von Metz[2]. Auch sein Bruder Heinrich streckte die Waffen und ergab sich ihm.

940. König Otto ging nach Gallien gegen König Ludowich, verwüstete einen großen Theil des Landes bis an die Seine und nahm die Fürsten Hugo und Heribert, die zu ihm kamen, auf. In diesem Jahre ward der Winter hart und es folgte eine Viehseuche. Hugo, Richards Sohn, stirbt.

942. König Otto verträgt sich mit Ludowich, König von Gallien, in Frieden. Ein Komet wurde 14 Nächte hindurch gesehn, und es kam eine ungeheure Viehseuche. Zu Rom saß Marinus II, der 131. Pabst, 3 Jahre 6 Monate auf dem heiligen Stuhle.

943. Die Ungarn fielen wieder in Baiern ein, man lieferte ihnen ein Treffen, und sie wurden besiegt und ergriffen die Flucht. Zu St. Gallen regierte Abt Gralo 17 Jahre.

---

[1]) Eine Burg an der Maas im Fürstenthum Lüttich. — [2]) Adalbero.

944. Am 16. April war ein Erdbeben.

945. Zu Rom saß Agapitus II, der 132. Pabst, auf dem heiligen Stuhle ungefähr 10 Jahre. König Otto greift Gallien an.

946. Zu St. Gallen ging die eingeschlossene Jungfrau Rachildis zum Herrn ein.

947. Nach dem Ableben Berhtolfs, Herzogs von Baiern, erhielt Heinrich, der Bruder des Königs Otto, das Herzogthum. Liutolf, des Königs Sohn, nahm Ita, ein hochgeachtetes Fräulein[1] zur Gemahlin. Mirmidona[2] wird vom Feuer verzehrt.

948. Herimann, Alamanniens Herzog, der, wie man sagt, die Cultur, das Aussehn, die Sitten und Einrichtungen des ihm anvertrauten Landes rühmlich gehoben hatte, starb und ward zu Reichenau in der Kapelle des heiligen Chilian begraben; und Liutolf, Sohn des Königs Otto, der zu seiner Zeit bei dem ganzen Volke beliebteste Mann, wurde an dessen Stelle als Herzog von seinem Vater eingesetzt. Eine große Synode von 30 Bischöfen wurde in Gegenwart der Könige Otto und Ludowich zu Ingelenheim gehalten. Lindau geht in Feuer auf.

949. Nach dem Tode Lothars, Königs von Italien, bemächtigte sich Beringar des Königthums, kränkte und bedrängte durch viele Gewaltthaten Lothars Wittwe Adalheid, die Tochter König Rudolfs von Burgund. Diese rettete sich kaum durch Flucht, und erwartete in ihren vielen Bedrängnissen die Ankunft des Königs Otto.

950. König Otto ging nach Italien und unterwarf es sich, vertrieb den zum Widerstand unfähigen König Beringar und befreite seine nachherige Gemahlin, die Herrscherin Adalheid.

---

[1] Tochter des Herzogs Hermann von Schwaben.
[2] Ganz unbekannt.

951. Eine Synode von 25 Bischöfen und eine große Versammlung der Vornehmen des ganzen Reichs wurde zu Augsburg vereinigt. Und dort kommt Beringar zu dem König Otto zur Unterwerfung und verspricht Unterwürfigkeit. Unter andern merkwürdigen Anzeichen zieht ein feuriger Stein wie eine Masse glühenden Eisens vom Westen her über den Himmel hin, und erscheint als eine wandelnde Schlange.

952. König Otto geht nach Böhmen und sein Sohn Liutolf nach Italien. König Otto geht nebst seinem Sohne Liutolf wieder nach Italien, und das königliche Beilager wird zu Papia gefeiert. Zwischen Herzog Liutolf und dessen Vaterbruder Herzog Heinrich erhob sich ein Streit. Friburich, Erzbischof zu Mainz, und Hardpert, Bischof zu Cur, wurden vom Könige nach Rom geschickt.

953. König Otto brachte aus Vorliebe für seinen Bruder Heinrich seinen Sohn Liutolf gegen sich auf, und es entstand in Folge der entgegengesetzten Bestrebungen der Parteien eine große Verwirrung im ganzen Reiche. Arnolf, der Sohn Arnolfs, des ehemaligen Herzogs von Baiern, verbindet sich mit der Partei Liutolfs gegen den König, plündert die Stadt und das Bisthum Augsburg, und versuchte den seligen Bischof Udalrich, welcher dem König treu war, den er in der Burg Mandichinga belagerte, gefangen zu nehmen oder zu tödten. Allein da der Graf Adalpert von Marhtale mit Truppen dazustieß und ebenso der Graf Theodpald, des Bischofs Bruder, so wurde er in einer Schlacht besiegt, mit Schimpf zurückgeschlagen und durch göttliche Vergeltung mit allen Anhängern nicht lange nachher nach Verdienst bestraft. In diesem Treffen wurde Graf Adalpert nicht schwer verwundet, starb aber und wurde von dem ehrwürdigen Bischof zu Augsburg stattlich begraben. Als in der Folgezeit bei zunehmender Uneinigkeit König Otto und dessen Sohn Herzog Liutolf sich mit ihren

gegen einander zusammengebrachten Heeren bei dem Flusse Hilara[1] und dem Dorfe Tussa[2] bereits gelagert hatten, um sich in einer Schlacht zu schlagen, so schlossen sie durch Vermittelung der ehrwürdigen Bischöfe, Udalrichs von Augsburg und Hardperts von Cur, unter Gottes Fügung Frieden und ein Bündniß.

954. Die Ungarn machten wieder einen Ausfall und verwüsteten Franken, Baiern und Italien.

955. Die Ungarn durchziehen mit so großen Heeren, wie niemals vorher, Baiern, setzen über den Lechfluß, stecken die Kirche der h. Afra vor Augsburg in Brand, und umtosen mit Waffengeräusche den ehrwürdigen Bischof Udalrich, der, als er mit den Seinigen belagert wurde, mit großer Andacht um göttliche Hilfe flehte. Allein als König Otto mit seinem Heer dazu kommt, so wird am 10. August eine sehr gewaltige Schlacht geliefert, viel Menschenblut vergossen, es erfolgt eine ungeheure Metzelei unter den Ungarn, das Flußbett wird mit Leichnamen Fliehender und Sterbender angefüllt, und da nur sehr wenige durch die Flucht entkommen, so wird das zahllose Heer durch eine gänzliche Niederlage aufgerieben. Und selbst diejenigen, welchen es damals glückte zu entkommen, wurden nachher durch ganz Baiern einzeln gefangen und getödtet. Unter diesen wurden auch ihre Könige ergriffen und zu Regensburg an Galgen gehängt. In eben dieser Schlacht kamen auf unserer Seite unter vielen Andern der streitbare und fromme Herzog Konrad, des Königs Eidam, und des ehrwürdigen Bischofs Bruder Graf Theodpald[3] und seiner Schwester[4] Sohn Graf Reginbald, meiner Großmutter Bertha Vaterbruder, um. Zu Rom saß Johannes XII, auch Octavian genannt, der 133. Pabst,

---

[1]) Iller.
[2]) Illertißen, im Jahre 954. — [3]) Graf von Dillingen.
[4]) Liutgarda, vermählt mit dem 971 genannten Graf Peier. Der Vater der Bertha war Mangold, Graf von Sulmetingen.

auf dem heiligen Stuhle 8 Jahre und 4 Monate, der leider uneingedenk seines hohen Standes sich einem weltlichen und unflätigen Leben hingab. Zu Mainz starb der Erzbischof Friburich und ihm folgte Hatto[1]. Auch der Herzog Heinrich von Baiern, des Königs Bruder, starb und hinterließ als Nachfolger einen Sohn gleiches Namens.

956. Herzog Liutolf drang feindlich in Italien ein, vertrieb Beringar und dessen Sohn, und bemächtigte sich der Stadt Papia und des Landes.

957. Herzog Liutolf siegte in einer Schlacht über Adalpert, unterwarf sich alles mit dem Königreich Italien, fand aber bei Plumbia einen frühzeitigen Tod, und wurde unter großer Theilnahme Vieler zu Mainz begraben. Er hinterließ einen noch kleinen Sohn, Otto. Und Burghard erhielt das Herzogthum Alamannien.

958. Nach dem Ableben Alawichs, Abts zu Reichenau, regierte Eggehard, der 23. Abt, 15 Jahre, der dort die Kirche des heiligen Johannes des Täufers, ein schönes Werk der Baukunst, errichtete. Einigen Menschen erscheint das Zeichen des Kreuzes auf den Kleidern. Eberhard, Propst zu Straßburg, kam mit großer Pracht in das Kloster der heiligen Meginrad, führte hier das regelmäßige Mönchsleben ein und ging 25 Jahre nach seinem Eintritt zum Herrn ein.

959. Zu St. Gallen stand dem Kloster der Abt Anno nicht viel länger als ein Jahr vor.

960. Zu St. Gallen regierte der Abt Burghard 13 Jahre.

961. König Otto ließ seinen gleichnamigen Sohn von der Königin Adalheid zum König wählen, und er selbst ging mit dem Heere nach Italien. Es erschien in der Sonne ein Zeichen.

---

[1] Vielmehr Wilhelm.

962. König Otto kommt nach Rom und wird von dem Pabst Johannes oder Octavian zum Kaiser gesalbt und gekrönt; und er selbst schalt den Pabst wegen der Verbrechen, welche das Gerücht über ihn verbreitete, vermochte aber dessen Schändlichkeit nicht zu bessern.

963. Kaiser Otto wartete das Geburtsfest des Herrn zu Papia ab und kam in demselben Jahre sowohl aus andern Gründen, als vorzüglich die Verbrechen des Pabstes Johannes, die er immer mehr ruchbar werden hörte, zu richten, nach Rom. Als dies der Pabst hörte, so flüchtete er nach Campanien, und verbarg sich in Wäldern und Bergen. An dessen Stelle ward von den Römern und dem Kaiser der ehrwürdige Leo VIII gewählt und als 134. Pabst ordinirt.

964. Der Kaiser Otto beging das Geburtsfest des Herrn zu Rom. Während er von hier aus andere Theile Italiens besuchte, standen nicht lange nachher die Römer gegen den Pabst Leo auf, versuchten ihn zu morden und Johannes zurückzuführen. Der Pabst aber flieht aus der Stadt, kommt nach Spoleto zum Kaiser und klagt über das ihm widerfahrene Unrecht. Und als der Kaiser im Zorn mit einem Belagerungsheere nach Rom zurückkehrt, so wird ihm der Tod des lasterhaften Johannes gemeldet, und der Diaconus Benedict von den Römern als Pabst verlangt. Obgleich aber der Kaiser es abschlägt, so wird doch eben dieser Benedict als der fünfte seines Namens und als 135. Pabst gegen den Willen des Kaisers ordinirt und saß 2 Monate auf dem heiligen Stuhle. Die Stadt aber wurde vom Kaiser belagert und durch Hungersnoth so bedrängt, daß der Scheffel Kleie 30 Pfennige kostete. Nicht lange nachher setzt der Kaiser, als er die Römer gedemüthigt und unterjocht hatte, nach Uebergabe der Stadt und Auslieferung Benedicts den Pabst Leo wieder ein und ließ ihm von den Römern Gehorsam und Treue schwören.

Jedoch erfuhr dieser Pabst nachher von ihnen viele Unbilden.

965. Kaiser Otto wartete wieder das Geburtsfest des Herrn zu Papia ab und kehrte dorther über den Mons Cenerus[1] aus Italien zurück und brachte den achten Tag nach dem Feste der Erscheinung in Cur zu. Der Herzog Burghard von Schwaben aber machte einen feindlichen Einfall in Italien, siegte über Adalpert, schlug ihn in die Flucht, tödtete dessen Bruder Wido und kehrte als Sieger zum Kaiser zurück. In demselben Jahre starb Brun, der ehrwürdige Erzbischof zu Cöln, Bruder des Kaisers Otto; dessen Lebensbeschreibung Einige besitzen.

966. Zu Rom saß nach Leos Tode Johannes XIII, früher Bischof zu Narni, der 136 Pabst in der Reihenfolge, ungefähr 7 Jahre auf dem heiligen Stuhle.

968. Am 21. November war eine Sonnenfinsterniß.

969. In dieser Zeit nahmen Graf Robfred und der Stadtgraf Petrus mit einigen andern Römern den Pabst Johannes gefangen, warfen ihn in die Engelsburg und schickten ihn endlich in die Verbannung nach Campanien, und bedrängten ihn länger als 10 Monate lang, bis er nach Ermordung Robfreds durch einen gewissen Johannes, einen Sohn des Crescentius, in seine Residenz kaum endlich befreiet zurückkehrte.

970. Kaiser Otto überzog wieder die Italischen Provinzen, und bestrafte, als er nach Rom kam, wegen der dem Pabst zugefügten Unbilden die Anstifter des Frevels strenge, theils mit Verbannung, theils mit dem Galgen, theils mit verschiedenen schimpflichen Strafen[2].

971. Als Kaiser Otto sich in Italien aufhielt, ging ihn der selige damals schon alterschwache Udalrich, Bischof von

---

[1] Ueber den Monte Ceneri nach Magadino und weiter über den Lukmanier.
[2] Das geschah schon 966.

Augsburg, der um zu beten nach Rom kam, mit der Bitte an, sein Bisthum an Adalbero, der Geistlicher und seiner Schwester Liudgard Sohn vom Grafen Peier war, zu geben, und erlangte es. Am Himmel erschien ein Feuerzeichen.

972. Zu Reichenau wurde, als der Abt Eggehard, beschuldigt, daß er die Kirche habe verarmen lassen, deshalb von dem Kaiser Otto abgesetzt wurde, der Probst Rudmann zum 24. Abt befördert; er stand der Abtei 14 Jahre vor und brachte sie zu einem großen Wohlstand. Zu Ingelenheim wurde eine Synode von den Bischöfen gehalten, und daselbst wurden der selige Bischof Udalrich und Adalbero, seiner Schwester Sohn, der Uebertretung der kirchlichen Gesetze beschuldigt, aber nach Anhörung ihrer Vertheidigung freigesprochen. Zu Rom regierte Benedict, der 137. Pabst, 1 Jahr und 10 Monate. Zu St. Gallen stand der Abt Notker $4^1/_2$ Jahr dem Kloster vor.

973. Als der selige Bischof Udalrich zu Schloß Dilinga mit dem Grafen Richwin, dem Sohne seines Bruders Theobbald, das Osterfest beging, starb eben daselbst plötzlich der Geistliche Adalbero, der, wie man hoffte, nach ihm Bischof werden sollte, in Folge eines Aderlasses, und ward zu Augsburg in der Kirche der heiligen Afra von seinem Oheim, dem ehrwürdigen Bischof, begraben. Der heilige Bischof selbst erlangte von dem Kaiser Otto außer andern Vortheilen auch das Vorrecht der Freiheit für die ihm untergebene Abtei Uttenbura.[1] Kaiser Otto starb um dieselbe Zeit am 7. Mai plötzlich, und ward zu Parthenopolis d. h. Magedeburg, wo er das Erzbisthum mit größtem Eifer errichtet hatte, begraben, und sein Sohn Otto II übernahm an seiner Stelle die Regierung. Auch der heilige Bischof Udalrich von Augsburg, durch langwierige Krankheit geschwächt, ging im 83. Jahre

---

[1] Ottobeuren im Oberdonaukreis.

seines Alters, und im 50. seines bischöflichen Amtes, am Freitag dem 4. Juli durch einen seligen Tod zum Herrn ein, und wurde in der Kirche der heiligen Märtyrin Afra von dem ehrwürdigen Wolfgang, Bischof zu Regensburg, begraben, und leuchtet noch heute durch unzählige Wunder fort. Nach ihm ward Heinrich Bischof zu Augsburg und regierte 9 Jahre. Auch Burghard, Herzog von Alamannien, starb und ward zu Reichenau in der Capelle des heiligen Erasmus beigesetzt, und Otto, Liutolfs Sohn, übernahm für ihn das väterliche Herzogthum. —

Otto der Zweite, 10 Jahre.

974. Zu Rom wurde Pabst Benedict Verbrechen wegen von den Römern angeklagt, und von Crescentius, der Theodora Sohn, auf der Engelsburg in Haft gebracht und daselbst erdrosselt, und noch während seines Lebens wurde Bonifacius, des Ferrucius Sohn, als Pabst ordinirt, einen Monat darauf vertrieben, und ging nachher nach Constantinopel, und Benedict VII, vorher Bischof zu Sutri, wurde als 138. Pabst ordinirt, und saß 9 Jahre auf dem heiligen Stuhle. Zu Constanz starb Bischof Conrad heiligen Andenkens am 26. November, und an dessen Stelle regierte Gamenolf ungefähr 4 Jahre.

976. Zwischen dem König Otto und seines Vaters Brudersohn Heinrich, Herzog von Baiern, erhob sich ein Streit.

977. Zu St. Gallen regierte Abt Immo 8½ Jahre. Er ließ es sich angelegen sein, die Kirche seines Schutzpatrons nach Kräften zu verschönern laut jenes Distichons[1], welches in in einem Schwibbogen der Kirche geschrieben steht. Zwischen Herzog Otto von Schwaben und Herzog Heinrich von Baiern dauerte ein Zerwürfniß.

978. Kaiser Otto führte ein Heer gegen den König

---

[1] „Dieses hat Abt Immo mit Gold und Gemälden gezieret." So lautet der Lateinische Vers: Hoc abbas Immo picturis compsit et auro.

Lothar nach Gallien. Herzog Heinrich von Baiern und ein anderer Herzog Heinrich[1], auch der Augsburger Bischof Heinrich, die sich gegen den Kaiser empörten, wurden gefangen und verbannt, und das Herzogthum Baiern erhielt Otto, Herzog von Schwaben.

979. Zu Constanz starb der Bischof Gamenolf, und ihm folgte der edle und ehrwürdige Bischof Gebehard, und regierte 16 Jahre; der die Kirche des heiligen Gregor am Ufer des Rheins und die Abtei aus seinen Gütern errichtete.[2]

981. Kaiser Otto zieht durch Italien und geht mit dem Heere nach Campanien und Calabrien.

982. Die Griechen, die mit vielen Truppen, wozu sie auch Saracenen in Sold genommen hatten, Calabrien gegen den Kaiser Otto zu vertheidigen unternahmen, werden in einer Schlacht, die von beiden Seiten mit großer Kraftanstrengung geliefert wurde, zuerst besiegt, nachher aber, als die Agarener mit frischer Mannschaft zu Hülfe eilten, siegten sie und vernichteten fast unser ganzes Heer, von dem viele gefangen wurden. Der Kaiser selbst wurde, als er im Meere schwimmend floh, von den Feinden gefangen und, da er von ihnen nicht erkannt wurde, auf sein Bitten für Geld zu einem Schloß am Meer gebracht und von den Seinigen losgekauft. Von diesem für die Unsrigen so ungünstigen Kampfe wurde unter unzähligen Andern auch Heinrich Bischof von Ausburg betroffen und verschwand, und ihm folgte Etich im Bisthum. In demselben Jahre starb Otto, Herzog von Schwaben und Baiern, und nach ihm ward Konrad[3], Herzog von Alemannien und Heinrich bekam das Herzogthum Baiern wieder.

983. Kaiser Otto wird zu Rom krank, stirbt am 8. De-

---

[1]) Herzog von Kärnten.
[2]) Petershausen.
[3]) Sohn Udos, Bruders von Hermann I, Herzog von Alamannien.

cember und wird dort in der Vorhalle des heiligen Petrus stattlich begraben.

Otto der Dritte, 18 Jahre.

984. Otto III, Sohn Ottos II, von seiner Griechischen Gemahlin, wurde noch in den Kinderjahren für seinen Vater als König gegen den Willen einiger Großen eingesetzt; und, mit großer Sorgfalt erzogen, machte er die glänzendsten Fortschritte. Zu Rom regierte Johannes XIV, auch Petrus genannt, vorher Bischof zu Papia, als 139. Pabst 8 Monate, und ihn nahm Bonifacius, der Sohn des Ferrucius, der früher nach Benedicts Verbannung mit Unrecht ordinirt worden war, von Constantinopel, wohin er geflohen war, zurückgekehrt, gefangen, schickte ihn in die Engelsburg und tödtete ihn durch Hunger, und wie man sagt, mit Gift, und nahm den heiligen Stuhl als 140. Pabst ein.

985. Zu Rom starb Bonifacius VII, nachdem er 11 Monate hindurch den rechtswidrig angemaßten heiligen Stuhl eingenommen hatte, eines plötzlichen Todes, und todt wurde er noch von den Seinigen gehauen, durchstochen und von Straße zu Straße an den Füßen geschleift, bis er endlich aus Mitleid der Geistlichen beerdigt wurde. Zu Reichenau regierte, nach dem Ableben des Abtes Rudmann, Witegowo der 25. Abt 12 Jahre. Zu St. Gallen stand nach Immo Abt Udalrich 5 Jahre hindurch dem Kloster vor.

986. Zu Rom saß Johannes XV, der 141. Pabst, 10 Jahre und 7 Monate auf dem heiligen Stuhle; der seine Geistlichen gering schätzte und von ihnen gehaßt wurde.

987. In diesem Jahr war große Hungersnoth.

990. Zu St. Gallen starben Abt Udalrich und der gelehrte Magister Eggehard, und Gerhard ward Abt und regierte 11 Jahre.

991. Die Kaiserin Theophanu, eine Griechin, Mutter des

Königs Otto, starb im 9. Jahre ihres Witthums. Zu St. Gallen starb Faillan, ein gelehrter Schotte.

994. Nach dem Ableben des Königs Konrad von Burgund, der zu St. Moriz begraben wurde, führte dessen Sohn Rudolf, obgleich unthätig, dort den Namen eines Königs ungefähr 38 Jahre lang. Da unter ihm kein Recht gehandhabt wurde, so kamen Gewaltthätigkeiten und Räubereien in jenem Reiche so auf, daß sie nicht leicht beseitigt werden können, und behaupteten, wie man jetzt deutlich sieht, die Herrschaft mit ihren Genossen.

995. Herzog Heinrich von Baiern starb und dessen Sohn von der Gisela, einer Tochter des Königs Konrad von Burgund, gleichfalls ein Heinrich, der nachmalige Kaiser, erhielt inzwischen das Herzogthum. Dessen Schwester Gisela ward dem König Stephanus von Ungarn, als er sich zum christlichen Glauben bekehrte, in der That gleichsam nach ihrem Namen als Geisel zur Ehe gegeben und erreichte dort unter Almosen und Uebungen anderer guten Werke ein hohes Alter. Zu Constanz starb der ehrwürdige Bischof Gebehard, und ruht in der von ihm gebauten Kirche des heiligen Gregor des Pabstes begraben; sein Nachfolger Lantpert, seinem Ansehn und seinem Bekenntniß nach ein Mönch, regierte 23 Jahre; dieser riß die Kirche der heiligen Maria zum Theil nieder und erweiterte dieselbe.

996. König Otto geht mit der Armee nach Italien und treibt die Aufständischen in die Enge.

997. König Otto bemächtiget sich, nach Unterwerfung der Aufständischen, Italiens und Roms. Und Gregor V, auch Bruno genannt, Sohn des Herzogs Otto, wurde als 142. Pabst eingesetzt und Otto von ihm als Kaiser gekrönt. Dieser ehrwürdige Pabst, der sich mit der Herstellung der Kirchenzucht beschäftigte, saß 3 Jahre und 9 Monate auf dem heiligen Stuhle. Zu Reichenau wurde nach Absetzung des Abtes Wite-

gowo Alawich zum 26. Abte befördert, und zu Rom von dem Pabst selbst geweihet und mit Vorrechten beschenkt. Konrad, der Herzog der Alamannen, starb, und Herimann bekam an seiner Stelle das Herzogthum; der ebenfalls[1] eine Tochter des Königs Konrad von Burgund, Gerbirga, zur Ehe hatte und von ihr einen Sohn seines Namens und 3 Töchter hinterließ.

999. Kaiser Otto ging wieder mit dem Heere nach Italien.

1000. Nach dem in Italien erfolgten Tode des Bischofs Wiberold von Straßburg, wird Alawich, Abt zu Reichenau, zum Bischof für ihn vom Kaiser befördert, und Werinhar, als 27. Abt zu Reichenau bestellt, regierte 6 Jahre. Auch zu Rom wurde nach Ableben des Pabsts Gregor Silvester II, auch Gerbert genannt, zuerst zu Reims, nachher zu Ravenna Erzbischof, welcher der weltlichen Wissenschaft sich sehr gewidmet hatte und deshalb von diesem Kaiser, einem Freunde der Wissenschaften, ein großer Liebling war, als Pabst der Reihe nach der 143. ordinirt, und regierte 5 Jahre.

1001. Kaiser Otto besichtigt Italien, das er sich nach allen Seiten hin unterworfen hatte. Zu St. Gallen stand dem Kloster Abt Burghard 23 Jahre vor.

1002. Kaiser Otto starb eines frühzeitigen Todes in Italien auf der Burg Paterna im 19. Jahre seiner Regierung am 23. Januar, wurde von dort weggeführt, und nachdem seine Eingeweide zu Augsburg beigesetzt worden waren, zu Aachen begraben. Und Herzog Heinrich von Baiern nahm die Reichs=Insignien an sich und wurde an dessen Stelle König und regierte 23 Jahre.

Heinrich der Zweite, regierte 23 Jahre.

1003. König Heinrich greift den Markgrafen Heinrich[2], der gegen ihn aufstand, an, und zerstörte sehr viele Burgen

---

[1]) Wie Heinrich II von Baiern. — [2]) Den Schweinfurter.

desselben. Ernust[1] wird gefangen, Bruno, des Königs Bruder, und Heinrich entkommen kaum durch die Flucht. Straßburg wird von Hermann, Herzog von Alamannien, der gegen den König aufsteht, geplündert, und an den Urhebern des Frevels wird nach göttlicher Fügung schwere Rache genommen, und von dem Herzog selbst dem heiligen Orte Genugthuung geleistet.

1004. König Heinrich geht über Verona nach Italien diesseits des Po, unterwirft sich alle Städte in jenen Gegenden, bricht an seinem Krönungstage in Papia ein und überwältigt es mit Feuer und Schwert. Nachdem er Geiseln erhalten hatte, kehrte er dorther nach Sachsen zurück, und wendete wenige Tage nachher seine Waffen gegen die Slaven, und nach Unterwerfung der Böhmen und Herstellung ihrer Dienstbarkeit und Tributpflichtigkeit unterjochte er auch Bolizlaw, den Herzog der Polnischen Slaven, mit seinem ganzen Volke und kehrte als Sieger nach Sachsen zurück. Herimann, Herzog von Alamannien, starb, und dessen Sohn Herimann, noch ein Knabe, aber dem ganzen Volke lieb, folgte im Herzogthum.

1005. Es entstand eine große Hungersnoth. Zu Rom saß nach Gerbert Johannes XVI, der 144. Pabst, auf dem heiligen Stuhle 1 Jahr.

1006. Zu Reichenau wählten, nach dem Tode des Abtes Werinhar, die Klosterbrüder den Mönch Heinrich. Allein König Heinrich, welcher dessen Anmaßung, obgleich er von ihm Geld erhalten hatte, verabscheute, setzte doch, da er den bei ihm verklagten Brüdern abgeneigt war, einen gewissen Immo, Abt zu Gorze[2], welcher zugleich Prüm[3] hatte, einen strengen Mann, gegen ihren Willen ein. Daher verließen einige derselben den

---

1) Markgraf von Oesterreich.
3) Gorze unweit Metz an dem Fl. Gorze.
2) Prumia, Stadt am Fluß Prüm, im Regierungsbezirk Trier.

Ort freiwillig, einige auch wurden von ihm durch Fasten, Geißelung und Verbannung schwer bedrängt, und das berühmte Kloster erfuhr als Sündenstrafe an großen Männern, Büchern und Kirchenschätzen einen großen Abgang; wie Rudpert, ein vornehmer und ebenso geistreicher als gelehrter Mönch, meiner Mutter väterlicher Oheim, in Prosa, in Rhythmen und Versen schmerzlich beklagt. Zu Rom wurde Johannes XVII, auch Fasanus genannt, als 145. Pabst eingesetzt.

1007. König Heinrich errichtete mit großem Eifer bei seiner Burg Babenberg ein berühmtes und reiches Bisthum, und dort wurde in diesem Jahre Eberhard zum ersten Bischof befördert.

1008. Nach Ableben des gelehrten Liutolf, Erzbischofs zu Trier, wurde an seiner Stelle Megingaud zum Erzbischof vom König erhoben. Allein der Geistliche Adalbero, leiblicher Bruder der Königin Kunigunde, der, von Einigen begünstigt, so nach dem Erzbisthum trachtete, als ob es ihm durch ein königliches Versprechen gebührte, nahm mit einer Besatzung die Pfalz zu Trier ein, und stand mit seinen Brüdern, dem Bischof Theoderich zu Metz und dem Herzog Heinrich von Baiern und dem Grafen Friderich[1] und mit Gerhard[2], ebenfalls einem Grafen, der ihm mit vielen Andern beistand, gegen den König auf. Doch wurden diese alle nach einiger Zeit vom König unterworfen und Heinrich sogar seines Herzogthums Baiern entsetzt. In eben diesem Jahre setzte der König Heinrich, nachdem er sich endlich nach zwei Jahren von der Grausamkeit Immos überzeugt hatte, nach dessen Entfernung, Bern, einen gelehrten und frommen Mann, Mönch zu Prüm, als Abt zu Reichenau ein. Dieser wurde mit Freuden aufgenommen, und

---

[1] Von der Mosel.
[2] Wahrscheinlich wurde Gerhard zum Grafen von Metz von Heinrich dem Heiligen im Jahre 1002 ernannt, der Oheim Konrads des Saliers. Vergl. 1017.

sammelte die zerstreuten Brüder wieder, und nachdem er von Lantpert, Bischof zu Constanz, als 29. Abt dieses Ortes eingesegnet worden war, regierte er, ausgezeichnet durch große Gelehrsamkeit und Frömmigkeit, 40 Jahre.

1009. Graf Wolferad vermählte sich mit Hiltrud, einer Tochter Piligrins und der Berhtrade, und zeugte mit derselben nachher, mich, Herimann, mit eingerechnet, 15 Kinder.

1010. Der ältere Graf Wolferad[1], mein väterlicher Großvater, ein gnädiger und rechtsbeständiger, und unter den Seinigen hochangesehener Mann, starb, schon ein Greis, am 4. März.

1011. Erzbischof Willigisus von Mainz starb und ihm folgte Erchenbald. Theodorich, Herzog eines Theiles von Lothringen, wurde fast in Gegenwart des Königs von Heinrich, dem ehemaligen Herzog von Baiern, und von einigen Lothringern gefangen und weggeführt. Da er jedoch nachher losgegeben wurde, so erhielt Heinrich selbst die Gnade des Königs und sein Herzogthum wieder.

1012. Konrad, Herzog von Kärnten, Sohn des Herzogs Otto und Bruder des ehemaligen Pabstes Bruno, starb und mit Uebergehung seines Sohnes Konrad, welcher noch Knabe war, erhielt Adalbero[2] das Herzogthum. Auch der jüngere Herimann, Herzog von Alamannien, starb und erhielt Ernust, den Gemahl seiner Schwester Gisela, zum Nachfolger.

1013. Nach dem Ableben des Pabstes Sergius saß zu Rom auf dem heiligen Stuhle Benedict VIII, der 147. Pabst, ungefähr 12 Jahre. Ich Herimann ward am 18. Juli geboren. König Heinrich geht mit der Armee nach Italien.

1014. König Heinrich wird zu Rom von dem Pabste Benedict als Kaiser eingesegnet und gekrönt.

---

[1] Graf im Eritgau. — [2] Graf von Mürzthal und Aflenz (im Brucker Kreise) nachher auch Herzog von Istrien.

1015. Herzog Ernuſt von Alamannien wurde auf der Jagd vom Grafen Adalbero, der nach einem Wilde ſchoß, mit einem Pfeile verwundet und ſtarb, und deſſen Herzogthum erhielt deſſen Sohn gleiches Namens, die Wittwe Giſela aber Konrad, der Sohn Heinrichs, des Sohnes vom Herzog Otto, der nachherige Kaiſer. Megingaud, der Erzbiſchof von Trier, ſtarb, und ihm folgte der ehrwürdige Herr Poppo, Bruder des Herzogs Ernuſt [1].

1017. Godefrid, Herzog eines Theiles von Lothringen [2], beſiegte den Grafen Gerhard, den mütterlichen Oheim des nachmaligen Kaiſers Konrad, in einem Treffen.

1018. Zu Conſtanz erhielt nach dem Ableben des Biſchofs Lantpert, Rudhard das Bisthum, und ſtand ihm ungefähr 5 Jahre vor.

1019. Der junge Konrad, Sohn des ehemaligen Herzogs Konrad von Kärnten beſiegte mit Hülfe des nachmaligen Kaiſers Konrad, mit welchem er von väterlicher Seite Geſchwiſterkind war, den damaligen Herzog von Kärnten Adalbero in einer Schlacht bei Ulm, und ſchlug ihn in die Flucht.

1020. Pabſt Benedict kam auf Einladung des Kaiſers nach Babenberg und weihete dort die Kirche des heiligen Stephan ein. Biſchof Werinhar von Straßburg fiel mit Hülfe einiger Schwaben in Burgund ein und ſiegte in einem Treffen über die Burgunder. Ich Herimann wurde am 15. September der Schule übergeben.

1021. Ein großes Erdbeben ereignete ſich am 12. Mai, welcher auf einen Freitag fiel. Heribert, Erzbiſchof von Cöln, ein Herr von großer Frömmigkeit, verſchied und wurde durch viele Wunderthaten berühmt: ihm folgte Piligrin. Auch Erchenbald, Erzbiſchof zu Mainz, ſtarb und Aribo wurde Erzbiſchof. Zu

---

[1] Nämlich des ältern, und Vaterbruder des jüngern oder Ernſt des zweiten.
[2] Gottfried III, Herzog von Niederlothringen.

Lüttich wurde nach Wolfpoto Duranbus zum Bischofe erhoben. Auch Irmendrud, die ehrwürdige Aebtissin zu Buchau, starb am 20. Februar und ihr folgte Abarhild als Aebtissin. Seit dieser Zeit begann dieser Ort immer mehr in Verfall zu kommen. Kaiser Heinrich unternimmt einen Feldzug nach Italien. Mein Bruder Werinhar wird am 1. November geboren.

1022. Kaiser Heinrich geht nach Campanien, kommt nach Benevent, belagert und erobert Troja; Neapel, Capua, Salerno und andere Städte unterwerfen sich seiner Gnade insgesammt; und einer Anzahl von Nordmännern, welche zu seiner Zeit dahin zusammengeströmt waren, räumte er, wie man sagt, daselbst ein Stück Landes ein, und so ging er über Rom als Sieger nach Deutschland zurück. Eine in dem Heere entstandene Seuche tödtete Viele, unter diesen Rudhard, Bischof von Constanz, und Abt Burghard aus dem Kloster St. Gallen; und an ihren Stellen regierten Bischof Heimo ungefähr 4 und Abt Theopald 11 Jahre. Auch Magister Notker und andere ausgezeichnete Klosterbrüder starben zu St. Gallen.

1023. Zu Regensburg folgte nach dem Bischof Gebehard, einem keuschen und seiner Eigenthümlichkeiten, besonders seiner mehr als gewöhnlichen Liebe zu Glanz und Pracht und seines gottesdienstlichen Eifers wegen bekannten Mann, als er diesem Leben entrückt war, wieder ein anderer Gebehard, ein Augsburger Domherr.

1024. Zu Rom starb Benedict, und dessen Bruder Johannes XVIII, der ein Laie war, wurde als Pabst, der 148. nach der Reihenfolge, bestellt, und saß ungefähr 9 Jahre auf dem heiligen Stuhle. Auch der Kaiser Heinrich starb am 13. Juli ohne Söhne, zu Babenberg in dem von ihm errichteten Bisthum, das er als Erben aller seiner Landgüter und Schätze hinterließ, und wurde in der Kirche St. Peters begraben. Als hierauf Konrad der ältere, der Sohn Heinrichs und der Adalheid, und Konrad, der Sohn seines väterlichen Oheims, des Herzogs Konrad und der Mahthilde[1], sich sehr um die Krone bemüheten, so wurde zu Kamba[2] eine Fürstenversammlung gehalten und auf derselben der ältere Konrad zum König erhoben und von dem Mainzer Erzbischof Aribo am 8. September gesalbt. Und nicht lange nachher ward dessen Gemahlin Gisela von dem Cölner Erzbischof Piligrin ebenfalls als Königin am 21. September eingesegnet.

1025. Aufruhr und großer Unfrieden wurden gegen den König Konrad von seinem Vetter Konrad und dem Herzog Ernust von Alamannien, seinem Stiefsohn, auch Welf, einem aus Schwaben gebürtigen Grafen, und mehreren Anderen erregt.

1026. König Konrad ging nach theilweise gestilltem Aufruhr um die Fastenzeit mit einem Heere nach Italien, beging das Osterfest zu Vercelli, unterwarf sich diesseit Roms ganz Italien außer Lucca, einer Stadt von Tuscien. Ernust, Herzog von Alamannien, mit ihm durch die Vermittelung der Mutter in demselben Jahre versöhnt, erhielt als Lehen die Abtei zu Kempten und vertheilte ihre Güter unter seine Ritter; nicht lange nachher aber änderte er schlechtem Rathe folgend seinen Sinn, und fiel wieder ab. In demselben Jahre starb Bischof Heimo von Constanz eines unerwarteten Todes an einer Lungenentzündung und sein Nachfolger Warmann regierte ungefähr 8 Jahre. Auch Burghard, Abt zu Kempten und Rheinau, stirbt, und nach ihm wird zu Rheinau Abt Pirhtilo als Nachfolger eingesetzt. Bischof Brun zu Augsburg und Graf Welf wüthen gegen einander mit Brand und Raub.

---

[1] Mathilde, Tochter Hermanns II, Herzogs von Alamannien.
[2] Zwischen Mainz und Worms.

1027. König Konrad ging, nachdem er das Weihnachts=
fest zu Jporegia gefeiert hatte, weiter vor und nahm die
Unterwerfung von Lucca mit dem Markgrafen Reginher an,
kam nach Rom und ward am heiligen Osterfeste vom Pabst
Johann als Kaiser gekrönt. Nach Unterwerfung von ganz
Italien zurückgekehrt, hielt er in Alamannien einen Tag bei
Ulm, und nahm dort den Herzog Ernust, seinen Stiefsohn, und
den Grafen Welf und Andere, welche kamen und ihre Unter=
werfung anboten, an und schickte sie auf einige Zeit in Ver=
bannung. — Kiburg, eine Burg des noch widerspenstigen
Grafen Werinhar, und einige andere Burgen von Aufrührern
wurden genommen. Auch Konrad, der Sohn seines väterlichen
Oheims, ergab sich dem Kaiser, und wurde ebenfalls verbannt.
Der Straßburger Bischof Werinhar wird von dem Kaiser als
Gesandter nach Constantinopel geschickt, und, als er dort im
folgenden Jahre starb, erhielt er Willihelm[1] zum Nachfolger.
Hildegard wird Aebtissin zu Buchau.

1028. Heinrich, der Sohn des Kaisers, wurde zu Aachen
am heiligen Osterfeste von sämmtlichen Fürsten noch als Knabe
zum König erwählt, und von dem Cölnischen Erzbischof Pili=
grin gesalbt.

1029. Als der Kaiser zu Regensburg das Osterfest be=
ging, so ging daselbst der Augsburger Bischof Brun, sein ver=
trautester Rathgeber, mit dem Tode ab, wurde zu Augsburg
in der Kirche des heil. Moriz, deren Bau erst begonnen
worden war, begraben und erhielt Eberhard zum Nachfolger.

1030. Als Herzog Ernust von der Verbannung erlöset
sein Herzogthum erhalten hatte, so überließ er sich schlechten
Rathgebern, lehnte sich von neuem gegen den Kaiser auf und
wurde seines Herzogthums entsetzt, und sein jüngerer Bruder
Herimann wurde Herzog von Schwaben. Kaiser Konrad ging,

---

[1]) Des Kaisers Vaterbruder.

da schon längst Feindseligkeiten mit dem König Stephan von Ungarn entstanden waren, nach Ungarn, und verwüstete es, wie weit er konnte und ihm nicht Flüsse oder Sümpfe im Wege waren, bis an die Raab. Da inzwischen in Alamannien der ehemalige Herzog Ernust und dessen Mitschuldige, die mit geringer Macht gegen den Kaiser sich in Bewegung setzten, mit Plünderungen die Einwohner um den Schwarzwald[1] beunruhigten, so wurden sie vom Grafen Manegold, der zur Reichenauer Mannschaft gehörte[2], beobachtet und in einem Treffen am 17. August besiegt. Manegold selbst kam dort um, und der vormalige Herzog Ernust, und Graf Werinhar, das Haupt der Empörung, auch Adalbert und Werin, angesehene Ritter, und Andere fielen; und Ernust wurde zu Constanz, Manegold aber zu Reichenau begraben. Der Reichenauer Mönch Burghard wird zu Regensburg zum Abt von St. Emmeram befördert.

1031. Mit dem König Stephan von Ungarn wird der Friede hergestellt. Aribo, Erzbischof des Mainzer Stuhles, ging auf seiner Pilgerfahrt nach Rom mit Tode ab, und ihm folgte im Erzbisthum Bardo, gleich ehrwürdig durch seinen Wandel und seine Mönchskutte.

1032. Rudolf, der unthätige König von Burgund, starb; sein Diadem und die Reichsinsignien wurden durch Seliger dem Kaiser Konrad überbracht. Und da gerade in den Tagen der Kaiser gegen Misico, den König der Slaven, welche Polen heißen[3], sein Heer führte, so drang Odo, eben dieses Rudolfs Schwestersohn, Fürst der Champagne in Frankreich, in das Reich von Burgund ein, nahm die Burgen Neuenburg und Murten und legte seine Besatzungen hinein. — Bern, Abt zu Reichenau, erhielt, als er nach Rom die Privilegien seines Klosters schickte, von dem Pabst Johannes auch das Privi=

---

[1] Im Texte silva Martiana. — [2] Er war ein Graf von Nellenburg.
[3] Sclavorum qui Boloni vocantur; 1004 heißen sie Sclavi Bolani.

legium, die Messe mit bischöflichem Gewand zu halten, mit den Sandalen. Als deshalb sich der Bischof Warmann von Constanz veranlaßt fand, ihn bei dem Kaiser wegen widerrechtlicher Anmaßung seines Amtes und seiner Würde anzuklagen, so wurde er von beiden so lange gedrängt, bis er das Privilegium mit den Sandalen dem Bischof selbst übergab, um es in seiner Synode, das heißt am Gründonnerstag im folgenden Jahre öffentlich zu verbrennen. In demselben Jahre brannte am 12. Januar das Kloster zu Buchau ab. Meine Großmutter Bertha, eine sehr gottesfürchtige Frau, starb im 23. Jahre ihres Wittwenstandes am 22. December.

1033. Der Kaiser ging nach dem Geburtsfeste des Herrn nach Burgund und belagerte Murten; allein behindert durch die Kälte des Winters, konnte er nichts seiner Würdiges ausrichten. Daher drang er wieder in Odos Land, die französische Champagne, ein und verwüstete es durch Plünderung und Brand, bis Odo selbst als Bittender zu ihm kam, und gnädig aufgenommen Genugthuung wiewohl gleisnerisch versprach. — Zu Rom starb Johannes, und Benedict IX, der auch Theophylactus hieß, wurde als 149. Pabst ungeachtet seiner eines so hohen Standes unwürdigen Sitten und Handlungen ordinirt, und regierte länger als 12 Jahre. Eine Sonnenfinsterniß trat am 29. Juni gegen die siebente Stunde ein.

1034. Der Kaiser griff abermals Burgund mit großer Heeresmacht an, unterwarf sich diesseits des Rodan alle Burgen, zerstörte Murten, zog in die Stadt Genf ein, nahm die Unterwerfung des Erzbischofs Burghard, der von edler Geburt und gestreng, aber durchaus ein frevelhafter und kirchenschänderischer Mann war, und die vieler anderer Vornehmen an, und kehrte nach Unterjochung des Königreiches Burgund zurück. — In demselben Jahre folgte nach dem Tode des Constanzer Bischofs Warmann dessen Bruder Eberhard und regierte mehr als 12 Jahre[1]. Als auch der Bischof Meginhard zu Würzburg starb, erhielt Brun, der des Kaisers Vatersbrudersohn, nämlich der Sohn des Herzogs Konrad von der Mahthilde das Bisthum am Osterfeste. Zu St. Gallen starb auch der Abt Theopald und ihm folgte Nordpert. Die heidnischen Slaven, welche Leutizen[2] heißen, fallen in Sachsens Gränzen ein,

1035. In Italien stifteten die niedern Ritter, welche gegen ihre Herren aufstanden und nach ihrem Gesetze leben und jene unterdrücken wollten, eine starke Verschwörung. Da nun zu deren Züchtigung die Vornehmen zusammentraten und sich in eine Schlacht einließen, so fielen auf beiden Seiten viele; unterdessen wurde auch der Bischof von Asti verwundet und starb. Herzog Adalbero von Kärnten und Istrien fiel bei dem Kaiser in Ungnade und wurde seines Herzogthums entsetzt. Die Leutizen nehmen die Burg Wirbina durch heimlichen Verrath, und viele der Unsrigen verlieren das Leben oder werden gefangen. Der Kaiser erzwingt den Uebergang über die Elbe, bringt in ihr Land und verwüstet es weit und breit. Eine große Synode wurde von dem Kaiser zu Tribura[3] versammelt[4].

1036. Der Erzbischof Piligrin zu Köln ging mit Tode ab und ihm folgte Herimann, des Kaisers Ottos II Tochtersohn. Gebehard II, Bischof zu Regensburg, starb am 15. Februar. An seiner Stelle wird Gebehard III, der Halbbruder des Kaisers Konrad von der Mutter Adalheid, als Bischof eingesetzt. König Heinrich, des Kaisers Sohn, hielt mit Chunihild, des Knut, Königs von Dänemark und England Tochter, sein königliches Beilager zu Noviomagus. Konrad,

---

[1] „Konrad machte aus seiner Burg Namens Lintpurg (Limburg) zwischen Speier und Worms ein Kloster zu Ehren des heiligen Kreuzes und des heiligen Johannes des Evangelisten." Zusatz der Ausgabe von Sichard.
[2] Die Leutizen an der Uker und um Zehdenick.
[3] Trebur, Flecken zwischen Mainz und Oppenheim. — [4] Im Jahre 1036.

ein Vatersbrudersohn des Kaisers, erhielt das Herzogthum seines Vaters in Kärnten und Istrien, welches Adalbero gehabt hatte, vom Kaiser zurück. Auch Herimann, Herzog von Alamannien, bekam vom Kaiser Meginfrid [1], seines Schwiegervaters, Markgrafthum in Italien. Die Leutizer Slaven [2] wurden dem Kaiser zinsbar. Burghard, Erzbischof oder vielmehr Tyrann von Lyon, gottvergessener Kirchenräuber und blutschänderischer Ehebrecher, wurde, als er Udalrich, Seligers Sohn, bekriegte, von ihm besiegt und gefangen dem Kaiser zugeführt, in Eisen gelegt und eingekerkert, und viele Jahre in Banden gehalten [3]. Der Kaiser ging im Winter nach Italien. Die hochwürdige Irmengard, Wittwe des Grafen Welf, versammelte zu Altdorf Nonnen, anstatt der Weltgeistlichen.

1037. Der Kaiser feierte zu Verona das Geburtsfest des Herrn und kam über Brescia und Cremona nach Mailand. Dann besuchte er Papia, und ließ den Mailänder Erzbischof Heribert, welcher der Untreue beschuldigt wurde, fassen und vertraute ihn dem Patriarchen Poppo zu Aquileja zur Bewachung an. Er entkam jedoch durch die Flucht und versuchte mit allen Kräften sich gegen den Kaiser zu empören. Der Kaiser ging nach dem zu Ravenna abgehaltenen Osterfeste wieder in das Mailändische Gebiet, belagerte die Stadt, verwüstete die Burgen, die Dörfer und ringsumher alles, was den Aufständischen gehörte. Die Schaar der Verschworenen aber bezähmte er leicht, und bestätigte ihnen das Gesetz, das sie auch in frühern Zeiten gehabt hatten, schriftlich. Der Pabst Benedict kam zum Kaiser nach Cremona. Den angeschuldigten Bischöfen zu Piacenza, Cremona und Vercelli machte der

---

[1] Markgraf von Susa in Piemont, dessen Tochter Adelheid Hermann IV zur Gemahlin hatte.
[2] Vergl. 1034.
[3] Er scheint schon 1039 wieder in Freiheit gewesen zu sein, f. Steindorff, Jahrbücher Heinrichs III, I, 134.

Kaiser den Prozeß, nahm sie gefangen und verwies sie des
Landes. In demselben Jahre fiel zwischen Odo, dem Fürsten
des gallischen Campaniens, und Gozzilo, Herzog der Lotharinger,
eine Schlacht vor. Odo ward besiegt und mit den Seinigen
in die Flucht geschlagen, und kam auf der Flucht durch das
Schwert um.

1038. Als der Kaiser das Geburtsfest des Herrn zu
Parma beging, fielen viele bei einem zwischen den Bürgern
und dem Heere entstandenen Auflaufe, und nachdem mehrere
Bürger getödtet worden waren, ging die Stadt in Feuer auf.
Der Pabst verhängt über den noch immer gegen den Kaiser
rebellirenden Mailänder Erzbischof den Kirchenbann. — Als
der Kaiser die Gegenden jenseits Rom durcheilet hatte, und
von dort an den Küsten des Adriatischen Meeres zurückging,
so überfiel im Juli eine ungeheure Seuche das Heer und raffte
hier und dort sehr viele hinweg. Unter ihnen war die Königin
Chunihilde, des Königs Heinrich Gemahlin, welche am
16. Juli starb, und in die Burg Lindburg gebracht und dort
begraben wurde. Herimann, Herzog von Alamannien, der
auch am 28. Juli zur großen Trauer für die Seinigen starb,
wurde zu Trident beerdiget. Der Kaiser hielt nach seiner
Rückkehr aus Italien zu Solothurn eine Versammlung, und
ließ sowohl sich als seinem Sohne durch die meisten vornehmen
Burgunder den Unterthaneneid leisten. — In demselben Jahre
starb Stephanus, König von Ungarn, nachdem er sich mit seinem
ganzen Volke schon sehr viele Jahre vorher zum christlichen
Glauben bekehrt, und viele Kirchen und Bisthümer errichtet,
und, sehr mild gegen die Guten gesinnt, viele Mühe auf seine
Regierung verwendet hatte, und bestellte für sich seinen aus
Venedig gebürtigen Schwestersohn Petrus zum König.

1039. Als Kaiser Konrad zu Utrecht, einer Stadt Fries=
lands, das Pfingstfest feierte, ging er plötzlich am 3. Juni

wider Erwarten mit Tode ab und wurde nach Speier gebracht und daselbst begraben; und dessen Sohn Heinrich ergriff das Ruder der Regierung. — Auch Reginbald, Bischof zu Speier, ein durch sein Leben und das Mönchskleid ehrwürdiger Mann, starb am 13. October, und ihm folgte Sibicho, der ihm seinem Rufe nach ganz unähnlich war. Auch Herzog Konrad von Kärnten und sein Nebenbuhler Adalbero, welcher vor ihm dasselbe Herzogthum gehabt hatte, starben in demselben Jahre. — König Heinrich unternahm einen Feldzug nach Böhmen; da ihm aber der Herzog des Volkes Brezizlaw seinen Sohn als Geisel schickte und selbst zu kommen und seine Befehle zu vollziehen, obgleich nur zum Schein, versprach, so kehrte er sogleich um. — König Peter drang von Ungarn im Winter in die Gränzen seines Reiches ein und verheerte es durch Plünderung, Brand und Wegschleppung von Gefangenen.

1040. König Heinrich griff den Herzog von Böhmen, der sich empörte, an und schickte zur Einnahme der diesseits und jenseits angebrachten Verschanzungen und Verhaue des Waldes leichte Heeresabtheilungen durch unwegsame Stellen des Waldes in das Land. Allein als am 22. August hier, am folgenden Tage aber dort das Kriegsvolk in waldige schwer zugängliche und verrammelte Stellen eingedrungen, von vergeblicher Anstrengung schon ermüdet, eine sehr feste Vorrichtung in Sturm zu nehmen umsonst versuchte, so wurde es von den ringsumher hereinbrechenden Böhmen niedergehauen, gefangen und in die Flucht geschlagen. Die von den Unsrigen noch im Lande geblieben waren, kamen durch Vermittelung des Einsiedlers Gunthar wohlbehalten herausgeführt zurück. Der König aber zog nach dem Verluste sehr vieler Ritter und Großen einstweilen unverrichteter Sache ab [1]. Eberhard, der erste Bischof

---

[1] „Auch König Peter von Ungarn schickte dem Herzog Hülfstruppen gegen den König Heinrich." Zusatz bei Sichard.

der Babenberger Kirche, ging im 33. Jahre seiner Amts-
beförderung mit Tode ab; ihm folgte Suideger, von Geburt
ein Sachse, ein lobenswerther Mann.

1041. König Heinrich befreite durch Zurückgabe des als
Geisel dienenden Sohnes an den Herzog von Böhmen die im
Walde gemachten Gefangenen. Im folgenden Sommer brachte
er ein großes Heer zusammen, ging in das Land selbst durch
unwegsame Gegenden, und verheerte alles durch Plünderung
und Brand, bis der Herzog durch die Noth gezwungen Frieden
forderte und den Getreuen des Königs, die er zu sich lud,
versprach sich persönlich zu ergeben und mit dem ganzen Volke
zu unterwerfen, auch nach Regensburg zu kommen und was
ihm befohlen werde zu vollziehen. Was er bald nach Entfernung des Königs auch durch die That erfüllte. — In demselben Jahre setzen sich die treulosen Ungarn einen gewissen Ovo als König und versuchen ihren König Peter zu
ermorden. Kaum entging er ihnen durch die Flucht, und kam
zuerst zu unserm Markgrafen Adalbert, seiner Schwester[1] Mann,
als Flüchtling und von da zum König Heinrich, warf sich zu
dessen Füßen und erbat und erhielt dessen Verzeihung und Gnade.

1042. König Heinrich überzog im Winter Burgund, nahm
viele der Fürsten, die sich ihm unterwarfen, auf, und entschied
Mehreres nach den Gesetzen. — Ovo, der Tyrann von Ungarn,
verwüstete, wegen der Aufnahme Peters durch unsern König,
mit seinem in zwei Züge getheilten Heere das Bairische Land
auf beiden Seiten der Donau mit Plünderung und Brand.
Allein ein Theil seines Heeres wurde auf der nördlichen Seite
der Donau von unserm Markgraf Adalbert und dessen Sohne
Liutpald bis auf den letzten Mann niedergehauen. Auch König
Heinrich, welcher im Herbst nach Ungarn ging, zerstörte
Heimenburg und Brezesburg[2], und die Nordseite der Donau,

---

[1] Namens Froiza oder Frowiza. — [2] Heimburg und Preßburg.

weil die südliche Flüsse und Sümpfe schützten, verwüstete er bis an die Gran und brachte sie zur Unterwerfung; ein Theil der Armee trat zweimal mit den anstürmenden Ungarn zusammen und richtete große Niederlagen an. Und da nach Unterwerfung jener Landestheile die Ungarn den Peter nicht wieder annehmen wollten, so setzte er ihnen einen andern der Ihrigen, der als Verbannter bei den Böhmen lebte, zum Herzog; den jedoch Ovo sogleich nach Entfernung des Königs, weil er keinen Widerstand zu leisten vermochte, nach Böhmen zurücktrieb. Der Patriarch Poppo zu Aquileja starb und ihm folgte vom König befördert Eberhard, ein Augsburger Domherr.

1043. Die Kaiserin Gisela starb am 14. Februar an der Ruhr, zu Goslar, obgleich sie, von Wahrsagern, die ihr zuweilen Wahres verkündeten, getäuscht, glaubte, sie würde ihren Sohn überleben, und wurde zu Speier neben ihrem Gemahl dem Kaiser begraben. Ein regenreicher Sommer verursachte Mangel an Früchten und an Wein. — König Heinrich ging wieder nach Ungarn, erhielt von Ovo, der einen Vertrag kaum erlangte, Genugthuung, Geiseln, Geschenke und einen Theil des Reichs bis zum Fluß Leitha, und zog ab. Von da kam er nach Alamannien, und erließ auf der Constanzer Synode zuerst selbst Allen, welche sich gegen ihn vergangen hatten, die ganze Schuld. Dann söhnte er in der Absicht, dasselbe später auch in den andern Theilen seines Reiches zu bewirken, durch Bitten und Ermahnungen alle anwesenden Schwaben mit einander aus, so daß sie Schuld und Feindschaft aufgaben, stellte einen seit vielen Jahrhunderten unerhörten Frieden her und bestätigte ihn durch ein Edict. Darauf empfing er Agnes, die Tochter Willehelms von Poitou, seine Braut, ließ sie zu Mainz als Königin salben, und feierte das königliche Beilager zu Ingelenheim, und durch Nichtachtung der eitelen Gunst der Gaukler stellte er für Alle ein nützliches Beispiel auf, indem er sie leer und traurig entließ. Dort wurde auch Liutpald, Sohn des Markgrafen Adalbert, ein Jüngling von großer Tugend und Frömmigkeit, von dem König selbst zum Markgrafen befördert, starb aber nach wenigen Tagen und wurde zu Trier von seinem Vaterbruder, dem Erzbischof Poppo, begraben.

1044. Eine sehr heftige Viehseuche, und ein sehr harter und schneereicher Winter richtete die Weinberge größtentheils zu Grunde, und die Unfruchtbarkeit der Felder verursachte eine nicht geringe Hungersnoth. Herzog Gozzilo von Lotharingen beschloß bei seinem Tode, seinem wiewohl trägen Sohne Gozzilo sein ihm von König Heinrich versprochenes Herzogthum zu hinterlassen. Allein der andere Sohn Gotefrid, schon längst Herzog[1], der das dem Bruder gehörende Herzogthum gegen das Recht von dem König nicht für sich erhalten konnte, setzte Eid und Pflicht hinten an, und unterstand sich gegen den pflichtgetreuen König aufzustehen. — Da der König Ovo Eid und Vertrag gebrochen hatte, so zog der König Heinrich mit einem sehr kleinen Heere nach Ungarn. Ihn verachtete daher Ovo, der ein sehr großes Heer gerüstet hatte, so sehr, daß er ihn, als ob er leicht zu tödten oder zu fangen wäre, in das Land kommen ließ. Allein Heinrich setzte im Vertrauen auf göttliche Hülfe mit einem Theile der Truppen schleunig über die Raab, und ließ alle seine Ritter in einzelnen Zügen vorwärts eilen, worauf er bei dem ersten Zusammentreffen das unermeßlich große Heer der Ungarn in die Flucht schlug und niederwarf, und mit sehr geringem Verlust, selbst sehr tapfer kämpfend, am 5. Juli den ruhmvollsten Sieg errang. Und während König Ovo kaum durch die Flucht entkommen war, laufen alle Ungarn schaarenweise zu Heinrich, um sich zu unterwerfen, und versprechen Unterthänigkeit und Dienst. Er selbst aber, wie er in allem sehr gewissenhaft war, setzte den schon

---

[1] Von Oberlothringen.

längst vertriebenen König Peter in sein Reich wieder ein, gab den Ungarn auf ihr Ansuchen das Bairische Gesetz, und er selbst kehrte mit Triumph in sein Reich zurück. Und nicht lange nachher wurde Ovo vom König Peter aufgegriffen und büßte seine Schandthaten mit dem Tode. — Als in demselben Jahre Fürst Reginold[1], mütterlicher Oheim der Königin Agnes, der aber gegen den König Heinrich feindlich gesinnt war, mit einem großen Haufen des Grafen Ludowich Burg, welche Piligardens Berg[2] heißt, zu erstürmen sich anschickte, begann Graf Ludowich mit einer kleinen Schaar seiner Ritter das Treffen, besiegte den Reginold, tödtete viele und schlug die übrigen in die Flucht. — Die Römer vertrieben den Papst Benedict, der vieler Dinge angeklagt wurde, von seinem Stuhle und setzten einen gewissen Silvester an seine Stelle. Ihn jedoch excommunizirte und vertrieb nachher Benedict mit seinem Anhang, und wieder auf seinen Stuhl gekommen begab er sich selbst nachher dessen und ordinirte aus Habsucht einen Andern[3] für sich gegen das kanonische Recht. — Heribert, Erzbischof zu Mailand, starb. Beggelinheim[4], eine Burg Gotefrids, wurde vom König genommen und zerstört. Gebehard, Erzbischof zu Ravenna, stirbt, und für ihn wird Wideger eingesetzt.

1045. Die Burgunder Reginolf und Gerolt kommen nach Solothurn sich dem König zu unterwerfen. Pfalzgraf Otto[5] wird in der Osterwoche zu Goslar als Herzog von Alamannien eingesetzt. — König Peter lud den König Heinrich zum Pfingstfeste ein, nahm ihn mit großer Pracht auf, beschenkte ihn mit sehr großen Geschenken, und gab ihm das Königreich Ungarn, indem die Ungarischen Großen ihm und seinem

---

[1] Von Burgund. — [2] Mömpelgard.
[3] Johannes Gratianus (Gregor VI) am 1. Mai 1045.
[4] Wahrscheinlich Böckelheim im Nahethal.
[5] Bei Rhein, Sohn des Pfalzgrafen Ezo und der Mathilde, einer Tochter des Kaisers Otto II.

Nachfolger den Eid der Treue leisteten, zurück, erhielt aber von ihm dessen Besitz auf Lebzeiten. Auf dieser Reise bestieg der König einen alten Söller[1] und da das Gebäude einfiel, stürzte er mit Vielen herunter; während er unter Gottes Schutz unverletzt blieb, fiel der Würzburger Bischof Brun mit Andern tödtlich verwundet, und starb nach einer Woche am 26. Mai, wurde nach seinem Bischofsitz zurückgebracht und dort begraben, und erhielt den Adalbero zum Nachfolger. — Herzog Gotefrid, der an dem Erfolg seines Aufruhrs verzweifelte, und dem König sich zu unterwerfen kam, wurde in Haft gebracht[2]. Wido wird zu Mailand als Erzbischof eingesetzt. — Die Slaven, welche Liutizen heißen, beunruhigen die Sächsische Gränze, ergeben sich aber dem König als er mit Truppen Reisiger dorthin kommt, und versprechen die gewöhnliche Abgabe. — In der Herbstzeit ging der Einsiedler Gunthar zum Herrn ein, und ruht in Braga[3], einer Stadt Böhmens begraben. Um dieselbe Zeit unterbleibt einer schweren Krankheit des Königs wegen die zu Tribur angesagte königliche Versammlung. Um diese Zeit gebar die Königin Agnes dem König eine Tochter.

1046. Der König feierte das Geburtsfest des Herrn zu Goslar in Sachsen. Eine große Sterblichkeit raffte Viele hier und da hin. Der sehr reiche Markgraf Eggehard[4] starb plötzlich und hinterließ den König als Erben seiner Güter. — Der König feierte das Osterfest zu Utrecht, einer Stadt Frieslands, unternahm in den Tagen darauf einen Schiffs=Zug über die See nach Phladirtingen[5], entriß dem Markgrafen Theoderich[6] einen Landstrich, den er sich angeeignet hatte, woher dieser nachher eine Ursache zum Aufruhr nahm. Das heilige Pfingstfest aber beging der König zu Aachen, und gab den Herzog Gote=

---

[1] Zu Persenbeug in Ober=Oesterreich.
[2] „Nach Kibichenstein." Zusatz einer Handschrift. — [3] Prag.
[4] Ekkard II, Markgraf von Meißen, ein Liebling Kaiser Heinrichs III.
[5] Vlaardingen. — [6] Graf von Holland.

frid, den er seiner Haft entlediget hatte, als er sich vor ihm auf dem Wege auf die Erde nieder warf, aus Mitleiden sein Herzogthum wieder. In diesen Tagen ließ er auch den Wideger, welcher zu Ravenna das Bisthum, ohne geweihet zu sein, schon zwei Jahre ungeschickt und grausam innehatte, vor sich kommen, und beraubte ihn seines Bisthums. — In der Folgezeit rüstet sich der Kaiser zu einem Zuge nach Italien. Friderich, Bruder des Herzogs Heinrich von Baiern, wird als Herzog von Lotharingen für Gozzilo, den trägen Bruder Gotefrids, eingesetzt. — In dem darauf folgenden Herbste setzen sich die Ungarn in ihrer alten Treulosigkeit beharrend, einen gewissen Andreas als König; sie ermorden viele eingewanderte Fremdlinge, die für den König Peter kämpften, fügten ihm und seiner Gemahlin verschiedene Gewaltthätigkeiten zu, zuletzt berauben sie ihn der Augen und senden ihn mit seiner Gemahlin an einen Ort, wo sie ihn er= nähren lassen; auch wurden daselbst zu dieser Zeit viele Fremde ausgeplündert, vertrieben oder getödtet. Bei dieser Nachricht wurde König Heinrich, der schon ein mächtiges Heer aufgeboten und den Marsch nach Italien begonnen hatte, sehr traurig; dennoch gab er den unternommenen Zug nicht auf. Nachdem er das Heer also vereiniget hatte, so hielt er zu Papia eine Synode. Von da kam er nach Placentia, nahm den Gratian, welchen die Römer nach Vertreibung der frühern als Papst eingesetzt hatten, als er zu ihm kam, ehrenvoll auf. Und da so alles glücklich von Statten ging, so hielt er nahe vor Weih= nachten zu Sutria nicht weit von Rom ebenfalls eine Synode, und, nachdem die Angelegenheit der ungesetzlich erhobenen Päpste sorgfältig vorgenommen worden war, so nahm er dem schuldig befundenen Papst Gratian den Hirtenstab. Dann erwählte er unter Beistimmung Aller, sowohl der Römer als der Anderen, den Bischof Suideger, der nach dem ersten Eberhard, als der zweite, die Babenberger Kirche schon im sechsten Jahre leitete, obgleich er sich sehr sträubte, zum obersten Bischof der Römischen Kirche; und so zogen sie am heiligen Abend vor Weihnachten in die Stadt selbst ein. In derselben Nacht starb Eberhard frommen Andenkens, Bischof der Kirche zu Constanz, im 13. Jahre seines Bisthums, und ward dort in der Vorhalle des heiligen Petrus begraben.

1047. Der vorerwähnte Suideger, von Geburt ein Sachse, wurde am Tage des Geburtsfestes des Herrn als 151. Papst auf dem apostolischen Stuhle herkömmlich geweihet, und mit einem neuen Namen Clemens II genannt. Eben dieser erhob an demselben Tage den König Heinrich und dessen Gemahlin Agnes durch die Einsegnung zum Kaiser. Nach beendigter Feierlichkeit der Messe gehen der Herr Papst und der Kaiser mit der Kaiserin, gekrönt wie er war, in den Lateranischen Palast mit ungemeiner Glorie, und durch die staunende Menge der Römischen Bürger, die ihm alle, jeder nach seinem Vermögen, Ehrenbezeigungen erwiesen. Und da man mehrere Tage in Rom im höchsten Frieden verlebt hatte, so ließ der Kaiser einen großen Theil des Heeres in das Vaterland zurückkehren, er selbst zog mit dem übrigen Heere weiter fort. — Um dieselbe Zeit bestellte der Kaiser einige Bischöfe. Unter diesen setzte er als Bischöfe an die Kirche zu Ravenna seinen Kanzler in Italien Hunfrid, an die zu Constanz seinen Kanzler in anderen Landschaften und Archicapellan und Propst zu Aachen, Theoderich, an die zu Straßburg Herrand, Probst zu Speier, für den in der Herbstzeit verstorbenen Willehelm, an die zu Verdun den Propst zu Basel Theoderich, seinen Capellan. Als der Kaiser aber von Rom auszog, nahm er mehrere gegen ihn empörte Burgen ein, ordnete nach Belieben jene Provinzen, und bestellte den Nordmannen, welche sich dort aufhalten, und anderen Städten dortiger Gegenden Herzoge. Als aber des Kaisers Schwiegermutter von dem Berge Garganus zurückgekehrt war, ward dieselbe bei einem zu Benevent entstandenen Auflauf durch die Bürger beleidigt. Weil sie daher eine scharfe Strafe des Kaisers fürchteten, und es nicht über sich gewannen, ihm sich zu unterwerfen, so begannen sie einen Aufstand. Allein der Kaiser, der wie gesagt, das Heer größtenteils zurückgeschickt hatte, und im Geiste schon mit andern Dingen beschäftigt in das Vater= land zu gehen beabsichtigte, nahm in der Zeit Anstand eine so große Stadt anzugreifen, und beschloß einstweilen, ohne dieses Geschäft zu beendigen, aber indem das ganze übrige Italien gehorchte und zum Frieden gebracht war, nach Deutschland zurückzukehren. — Unterdessen gebar die Kaiserin Agnes, welche sich zu Rom von dem Kaiser getrennt hatte, auf dem Gebiete von Ravenna eine Tochter. Der Kaiser aber blieb, nachdem er bereits den Rückweg angetreten hatte, zu Mantua während des Osterfestes an einer sehr schweren Krankheit darniederliegend. Nachher in der Genesung begriffen, führte er den Leichnam des seligen Wido, Abtes des Klosters Pomposia, der vor nicht einem vollen Jahre in großer Heiligkeit gestorben und durch viele Wunder verherrlicht war, aus der Stadt Parma, wo er begraben war, um ihn nach Speier bringen zu lassen, unter großen Ehren= bezeigungen aus Italien zurückkehrend, mit sich weg. Auf dieser Reise kam er nach Augsburg unter den Litaneien[1] vor der Himmelfahrt des Herrn, und da bei seiner Ankunft der dasige Bischof Eberhard gestorben war, setzte er seinen Capellan Heinrich als Nachfolger ein. Und nachdem er dieses Fest dort begangen hatte, feierte er zu Speier das Pfingstfest, hatte dort auch eine Unterredung mit den Reichsfürsten und ließ den Leichnam des vorgenannten Abtes in der außerhalb der Stadt angelegten Kirche[2] beerdigen. — In dieser Zeit beförderte er den Grafen Welf

---

1) Das dreitägige Fest der Betfahrten zwischen dem Betsonntage (Rogate) und dem Himmelfahrtsfest.

2) Sie ward nach dem heiligen Guido benannt.

aus Schwaben, den Sohn des vormaligen Grafen Welf, zum
Herzog von Kärnten. Auch dessen Oheim Adalbero, Bruder
der Herzoge Heinrich und Friderich, bestellte er zum Bischof
der Kirche zu Metz nach dem kurz vorher erfolgten Ableben
Theoderichs. Ebenso setzte er, nachdem der Erzbischof Poppo
in diesen Tagen gestorben war, in der Stadt Trier den Wormser
Propst Eberhard als Erzbischof ein. — Als er um diese Zeit
einen Feldzug nach Ungarn vorbereitete, um Peter zu rächen,
erhielt er die Nachricht, daß Herzog Gotefrid nebst Balduin
von Flandern und einigen Andern den Aufstand erneuert, Truppen
zu werben und Krieg begonnen hätte, und daß auch Markgraf
Theoderich von Phladirtingen aufgestanden wäre und die benach=
barten Bisthümer dem Kaiser zum Trotz verwüstet hätte. Außer=
dem hatte Andreas, welcher Peters Thron inne hatte, schon
oft Gesandte mit der Bitte um Verzeihung geschickt und be=
theuert, daß er das Reich nur gezwungen von den Ungarn
angenommen hätte, und sich wegen der Gewaltthätigkeiten gegen
Peter entschuldiget, daß er die gegen ihn Verschworenen theils
hätte hinrichten lassen, theils anbefohlen sie dem Kaiser auszu=
liefern, und bot dem Kaiser seine Unterwerfung, einen jährlichen
Tribut und unterthänige Dienstbarkeit an, wenn er ihm das
Reich ließe. Aus diesen Gründen, da auch der Herzog Gote=
frid seinen Aufstand schlau genug durch Gesandtschaften verdeckte,
so verschob er jenen Feldzug, brachte im Herbst eine Flotte und
Heer zusammen, und erhob Krieg gegen Theoderich in Phladir=
tingen. — Inzwischen beschloß der Schwabenherzog Otto, der
das ihm verliehene Land erst im dritten Jahre pflichtmäßig
und eifrig verwaltete, durch einen frühzeitigen Tod seine Tage.
In denselben Tagen starb auch der Herzog Heinrich von Baiern
und wurde zu Trier begraben. Auch Papst Clemens, der auch
Suideger hieß, endigte im Römischen Lande im neunten Monate
nach seiner Erhebung sein Leben, wurde nach seinem Bisthum

Babenberg gebracht und dort beerdiget. — Der Kaiser, welcher mit seinem Heere nach Phladirtingen übersetzte, konnte, behindert durch das wasserreiche Land, wenig Fortschritte machen; und erlitt auf seinem Rückwege, wo ihm die Feinde auf leichten Schiffen in schneller Fahrt zur See nach Art der Seeräuber folgten, und immer die Letzten angriffen und tödteten, nicht geringen Verlust in seinem Heere. In derselben Zeit nahm auch Gotefrid unter andern bei seinen Unternehmungen gegen den König die Stadt Verdun durch List ein, steckte sie in Brand und zerstörte dieselbe. Mit dessen Herzogthum belehnte der Kaiser einen gewissen Adalbert.

1048. Der Kaiser wartete das Geburtsfest des Herrn in Sachsen ab, kam dann rasch über Würzburg nach Alamannien, hielt zu Ulm eine Versammlung, und setzte den Markgraf Otto von Schweinfurt den Schwaben zum Herzog. Darauf kam er nach Baiern und hielt dort die Fastenzeit und das Osterfest ab. In eben dieser Fastenzeit wurde wie man glaubt, das Blut des Herrn in der Stadt Mantua durch göttliche Offenbarung von einem Blinden entdeckt und durch sehr viele Wunderthaten erkennbar gemacht. Der Kaiser ging von Regensburg, wo er das Osterfest mit den Herzogen Otto und Brecizlav und vielen Fürsten beging, weg und kehrte wieder nach Alamannien zurück, kam nach unserem Reichenau, ließ am 24. April die neue Basilica des heiligen Evangelisten Markus, unseres Schutzpatrons, die von dem Abt Herrn Bern erbauet worden war, in seiner Gegenwart von dem Constanzer Bischof Theoderich einweihen, und, als er den Markustag (d. 25. April) während der großen Litanei bei uns abgehalten hatte, so feierte er die Himmelfahrt des Herrn zu Zürich, Pfingsten aber zu Solothurn. Und nach einem dort mit den Burgundern abgehaltenen Tage, ging er durch Ost-Franken nach Sachsen zurück. — Um dieselbe Zeit beschloß Herr Bern, Abt zu Reichenau, ein durch Gelehr-

samkeit und Charakter ausgezeichneter Mann, im 40. Jahre
nach seiner Erhebung zu dem Amte in einem glücklichen Alter
in Folge einer durch Krankheit eingetretenen Entkräftung am
7. Juni seine Lebenstage, und ruhet in der Basilica des heiligen
Markus begraben. An dessen Stelle wurde der Dechant Udalrich
von den Klosterbrüdern zum Abt erwählt und vom Kaiser ein=
gesetzt. Nach dem Ableben des gelehrten Bischofs Wazo zu
Lüttich folgte Dietwin. — Im folgenden Juli wird der Brixener
Bischof Poppo, vom Kaiser gewählt, nach Rom geschickt und
ehrenvoll aufgenommen, für den apostolischen Stuhl als 152.
Pabst ordinirt und mit verändertem Namen Damasus der Zweite
genannt. Allein nach Verlauf weniger Tage starb er[1] und
wurde zu St. Lorenz außerhalb der Stadt begraben. — In
der Herbstzeit kamen Kaiser Heinrich und der König Heinrich
von Gallien auf dem Gebiet von Metz[2] zusammen, und bestätigten
eidlich den Frieden und einen Vertrag. In dieser Zeit er=
eignete sich in der Nacht des 13. October eine große Erd=
erschütterung. In denselben Tagen gebar auch die Kaiserin
Agnes dem Kaiser eine Tochter. Um dieselbe Zeit verfolgte
auch Gotefrid den Herzog Adalbert, der sein Gebiet plünderte,
und da er ihn nach Entlassung der Schaar von Wenigen um=
geben fand, so tödtete er ihn nebst Einigen, die sich zu wider=
setzen versuchten. Nach ihm wurde Gerhard vom Kaiser als
Herzog eingesetzt. — In denselben Tagen kam der Kaiser nach
Straßburg und von dort gegen das Fest der Geburt des Herrn
nach Ulm, und so reisete er auch nach Baiern.

1049. Der Kaiser beging das Geburtsfest des Herrn zu
Freising und die Reinigung der heiligen Maria zu Regens=
burg, und setzte Konrad[3] als Herzog von Baiern ein, und

---

[1]) Damasus wurde am 17. Juli ordiniert und starb am folgenden 8. August.

[2]) Zu Yvoix oder Ivois einem Städtchen der Champagne, deutsch Ipsch, nicht weit von Mouzon.

[3]) Sohn Liudolfs, dessen Vater Ezo Pfalzgraf bei Rhein war.

ging von dort aus um die Fastenzeit nach Sachsen zurück. Der Propst Gotebald zu Speier wurde nach Eberhard, der in diesen Tagen gestorben war, zum Patriarchen von Aquileja vom Kaiser erhoben. Inzwischen versammelten sich, da das winterliche Eis gute Gelegenheit bot, einige Ritter und Fürsten der Meeres= küste, mit den Bischöfen von Lüttich [1], Utrecht [2] und Metz [3] und legten dem Theoderich in Phladirtingen einen Hinterhalt, besiegten und töbteten ihn in einem Treffen und unterwarfen dem Kaiser jenes Land. Als jedoch Gotefrid dasselbe bald nachher besetzte, so wurde er von denselben in einem Treffen angegriffen und besiegt, und entkam kaum durch die Flucht. — Um dieselbe Zeit wurde der Bischof Brun zu Toul vom Kaiser erwählt und nach Rom geschickt, mit großen Ehren empfangen, in der Fastenzeit als 153. Papst ordinirt und erhielt den Namen Leo IX. Dieser weihte am nächsten Osterfeste Udalrich, den Verweser des Reichenauer Klosters, als er nach Rom kam, durch seinen Segen zum Abt ein, und bestätigte die Rechte des Klosters, welche demselben von Alters her vom apostolischen Stuhle gegeben waren, und erneuerte dieselben in der 2. In= diction am 26. März. Auch hielt der Papst zu Rom in der Woche, die nach der weißen [4] folgte, mit den Bischöfen Italiens vorzüglich wegen der Ketzerei der Simonie eine Synode. Auch hielt er eine andere in der Pfingstwoche zu Papia. Von hier aus ging er mit mehreren Römern über den Jupitersberg auf diese Seiten der Alpen. Auch ging, als seine Zeit gekommen war, Odilo der ehrwürdige Vater des Klosters zu Cluny und vieler anderer Klöster am 29. December zu dem Herrn ein. — Im folgenden Sommer, als der Kaiser sich zu einem Feldzuge gegen Gotefrid und Balduin, die von dem Herrn Papst excom= munizirt worden waren, rüstete, kam Gotefrid aus Furcht

---

[1] Theobuinus. — [2] Bernold oder Bernulf. — [3] Adalbero.
[4] Die weiße Woche erstreckt sich vom Ostertage bis zum nächsten Sonntage.

sowohl vor der Macht des Kaisers, als vor der Excommunication des Papstes, nach Aachen um sich zu unterwerfen, und unterstützt vom Papst erlangte er die Gnade des Kaisers. Balduin aber, der beide geringschätzte, gab endlich, nach Verwüstung eines großen Theiles seines Landes durch das Heer, Geiseln und schloß einen Vertrag mit dem Kaiser ab. In der Herbstzeit hielt der Herr Papst eine große Synode zu Reims mit den Bischöfen Galliens. Und von dort kam er nach Mainz und hielt eine Synode von fast 40 Bischöfen in Gegenwart des Kaisers und der Fürsten des Reichs; nachher ging er nach Alamannien und feierte zu Reichenau das Fest des heiligen Clemens und den Sonntag vor Advent am 26. November, ging über Augsburg und durch Baiern und feierte zu Verona das Geburtsfest des Herrn.

1050. Der Kaiser aber wartete dieses Fest in Sachsen ab. In demselben Winter, als der Bischof Gebehard zu Regensburg, der kurz vorher vom Kaiser mit der Abtei zu Kempten belehnt worden war, sich an der Ungarischen Gränze aufhielt, fiel er, als die Ungarn zurückwichen, in ihr Gebiet, und führte daraus Beute mit. Allein nach seinem Weggang überzog ein sehr großes Heer Ungarn unser Land und nahm aus einem sehr großen Theile desselben Gefangene, sengte und verwüstete es. Der Kaiser wartete die Osterzeit in Utrecht ab. — Der Herr Papst hielt wieder eine Synode nach Ostern zu Rom, und ging in der Folgezeit über Rom hinaus, nahm wieder einige Fürsten und Städte für sich und den Kaiser in Eid und Pflicht, und excommunizirte die noch immer aufrührerischen Beneventaner. Auch einige ausländische Fürsten schickten an ihn, als den apostolischen Herrn, Gesandte und gelobten ihm Unterwerfung. Der Kaiser rüstete sich zu einem Feldzug gegen den Polenherzog Gazmer, der sich zur Empörung anschickte, und, da er von einer schweren Krankheit gefesselt war, so nahm er ihn, der um Frieden und einen Vertrag bat, auf und zog ab. — Bischof Gebehard von Regensburg bauet mit Herzog Konrad von Baiern und Markgraf Adalbert und einigen andern Bischöfen und Fürsten Baierns Heimenburg wieder auf, und sie werfen eine große Menge Ungarn, von denen sie angegriffen werden, nieder, und verfolgen die Flüchtigen bis zu dem ungeheuren Heere derselben; und da alle Schaaren der Ungarn durch einen von oben gekommenen Schrecken ergriffen sich zur Flucht wenden, so kehren sie mit Dank gegen Gott in ihr Lager zurück. — In demselben Herbste hielt der Herr Papst zu Vercelli eine Synode und enthob den Erzbischof Hunfrid wegen einer zwischen den Kirchen zu Ravenna und zu Rom entstandenen Streitigkeit seines Amtes. Hierauf besuchte er Gallien und sein Bisthum, die Stadt Toul. Endlich gebar auch in dieser Zeit die Kaiserin Agnes dem Kaiser einen Sohn.

1051. Der Kaiser beging das Geburtsfest des Herrn zu Goslar in Sachsen, und ließ viele Fürsten seinem Sohne eidlich Treue und Unterthänigkeit geloben. Nicht lange nachher feierten er selbst und der Herr Papst mit vielen Bischöfen und Fürsten bei ihrer Zusammenkunft in Augsburg das Fest der Reinigung der Mutter Gottes. Nachdem dort auch der Erzbischof von Ravenna sich mit dem Papst versöhnt hatte, so gingen sie in Liebe von einander und der Papst kehrte nach Rom zurück. Der Kaiser verweilte zu Speier während eines Theiles der Fastenzeit, während des Osterfestes aber zu Cöln; und dort wird sein Sohn Heinrich vom Erzbischof Herimann getauft. — Nach Ostern hält der Herr Papst Leo eine Synode zu Rom, wo er unter andern den Bischof Gregor von Vercelli wegen eines mit einer Wittwe, der Braut seines mütterlichen Oheims, verübten Ehebruchs und wegen verübter Meineide, ohne daß er gegenwärtig war oder etwas davon wußte, excommunizirte. Da jedoch derselbe bald nach Rom kam und Genugthuung versprach, so setzte er ihn wieder in sein früheres Amt ein. — Um eben diese Zeit nöthigte der Kaiser den Grafen Lanthpert[1], welcher Aufstand erregte, zur Ergebung. In eben diesem Sommer wurde Bardo, der ehrwürdige Erzbischof des Mainzer Stuhles, auf welchen er als Mönch gestiegen war, bewundernswerth durch alle Frömmigkeit und Heiligkeit, am 11. Juni dem Lichte dieser Welt entrückt und leuchtet durch viele Wunderthaten nach seinem Tode. Für ihn setzte der Kaiser den Babenberger Propst Liutpald ein. Ebenso erhob er für den Constanzer Bischof Theoderich, welcher am 22. Juni im fünften Jahre seiner Bisthumsverwaltung nach langwieriger Krankheit gestorben war, den Rumald. Auch der Erzbischof Hunfrid zu Ravenna starb plötzlich, wie man sagt, an Gift. — Im folgenden Herbste ging der Kaiser, indem er den Vertrag, den König Andreas durch Gesandte beantragte, anzunehmen verschmähte, mit einem großen Heere nach Ungarn; nachdem er den Regensburger Bischof Gebehard und die Herzoge Welf und Brezizlaw zur Verheerung der Nordseite der Donau abgesendet hatte, zog er selbst, indem er die Lebensmittel aus den Schiffen soviel als möglich durch Pferde fortschaffen ließ, wegen der Überschwemmung der Flüsse auf einem langen Umwege durch das Kärntner Land in das treulose Königreich, während hier und dort das Ungarsche Heer nach Art der Freibeuter floh, ohne irgendwo in offenem Felde ein Treffen zu wagen, und verwüstete alles überall, so weit die Lebensmittel für das Heer ausreichten. Als aber die Ungarn dem schon Mangel und Hunger leidenden Heere den Rückzug abzuschneiden versuchten und ihre Truppen an den schon vorher verschanzten Ufern und an den seichten Sümpfen gegenüber aufstellten, um sie alle entweder zur Ergebung zu nöthigen oder durch Mangel an Lebensmitteln zu vernichten, so blieben die Reisigen doch

---

1) Zu Löwen.

unerschrocken, durchwateten ohne Verzug Flüsse auf ihrem Wege und schlugen die Feinde in die Flucht, und einen sehr festen Brückenkopf an der Rabaniza, zu welchem der Feind die größte Zuversicht hatte, erstürmten einige Burgundische, Sächsische und Polnische Krieger, die nicht ohne eigene Gefahr über den Fluß setzten, in kurzer Zeit, tödteten und zerstreuten die Ungarn und eröffneten dem übrigen Heere den Weg. Nachdem fast alle hindurchgezogen waren, wurde er angezündet, und versperrte einigen der Letzten, mit großer Gefahr, weil der Feind sie verfolgte, den Rückweg; und als nun der Kaiser so zurückzog, und auch jene, welche er über die Donau geschickt hatte, nach glücklicher Beendigung ihrer Unternehmung schon längst zurückgekehrt waren, so schickte der König Andreas und ließ unsern Markgrafen Adalbert um Frieden bitten und ertheilte solchen dagegen seiner Seits. In eben diesen Tagen wurde, nach fast gleichzeitigem Ableben der Aebtissinnen zu Lindau und Buchau, Touta, eine edle, kluge und fromme Wittwe, zur Herstellung beider Orte vom Kaiser als Vorsteherin eingesetzt.

1052. Der Kaiser beging das Geburtsfest des Herrn zu Goslar, und ließ dort einige Ketzer, die unter andern schlechten Irrlehren mit der Manichäischen Sekte den Genuß des Fleisches von allen Thieren verabscheuten, unter allgemeiner Zustimmung, damit dieser ketzerische Aussatz sich nicht weiter verbreitete und mehrere ansteckte, am Galgen aufhängen. — In derselben Zeit am 9. Januar beschloß meine Mutter Hiltrud, des Grafen Wolfrad Gemahlin, eine sehr liebreiche, sanfte, wohlthätige und fromme Frau, mit Hinterlassung ihres Gemahls und sieben Kinder, mit einem gottseligen und nach menschlichen Ansichten glücklichen Ende ihre Lebenstage ungefähr im 61. Jahre ihres Alters, im 44. ihrer Ehe, und wurde im Weiler Alleshusan[1] unter der von ihr erbauten Capelle des heiligen Udalrich in

---

[1] Jetzt Alshausen oder Altshausen im Oberamt Saulgau.

1051. 1052.

dem Grabe, welches sie selbst sich vorgerichtet hatte, beigesetzt.
Auf dieses gefiel es uns folgende Verse als Grabschrift zu
setzen:

Hiltrud, Dürftiger Mutter, der Ihrigen Hoffnung und Hülfe,
 Giebt was der Erde gebührt, hier in dem Hügel zurück;
Welche die hochgebietenden Eltern aus edelem Stamme
 Adelnd, sie durch den Glanz leuchtenden Strebens erhob.
Keusch schloß nur einmal sie ein heiliges Bündniß der Ehe,
 Lebte dem göttlichen Dienst widmend den Sinn und das Herz.
Sie begnügte sich mit dem bescheidenen Theile der Martha,
 Blieb der Lehre, die sie gab, in dem Leben getreu.
Mild und fromm erfreuete sie die Armen mit Kleidung,
 Speise, Fürwort und Gang, wo nur es heischte die Noth.
Doch vor allen erquickte mit Glauben sie gläubige Freunde,
 Allen zeigte sie sich immer willfährig und hold.
Auch sanftmüthig und duldsam und nimmer zum Streite geneiget
 Aller Welt sie gefiel und, wie wir hoffen, dem Herrn.
Kreuzigte Sinnen und Fleisch und wallte zu heiligen Stätten,
 Betend und eifrig bemüht himmlische Hülfe zu sahn.
Und dies, glaube mir, dichte ich nicht in eiteler Rede,
 Noch mit prunkendem Lob rühm' ich die Mutter als Sohn:
Frage die Stimme des Volks ringsum in den Auen der Heimath,
 Willst du hören, daß ich wenig von vielem nur gab.
Als am Ende sie oft sich auch durch offene Beichte
 Reinigte, treu und fromm immer ergeben dem Herrn,
Stark im Glauben und sicher in Hoffnung und reich in der Liebe,
 Ging sie glücklich aus dem leidigen Leben hinweg,
Und als Janus uns brachte die fünften der Iden des Mondes,
 Weineten Viele vor Schmerz Thränen im Tode ihr nach.
Für sie, bitt' ich und flehe, erhöre die Bitten, o Leser,
 Für sie in heißem Gebet bitte und rühre den Herrn,
Bis ob der Liebe der Todten zu ihm er sich ihrer erbarmet,
 Und er rein von der Schuld sämmtlicher Sünden sie wäscht,
Ihr ein seliges Loos im Verein mit den Seligen allen
 Und als gnädiger Herr ewige Ruhe verleiht.

In der folgenden Fastenzeit erhob der Kaiser den Heinrich
zum Erzbischof von Ravenna. Und Nizo, Bischof von Frei=

4*

fing, der sich früher von seinem sehr hoffärtigen Lebenswandel dem Scheine nach durch Demuth und Frömmigkeit bekehrt und dann wieder zur Hoffart seines frühern Lebens zurückgekehrt war, starb, als er ihn auf des Kaisers Befehl nach Ravenna geführt hatte, dort eines plötzlichen Todes. — Der Kaiser beging das Osterfest zu Speier; und da, wie man sagt, er jenen Ort, obgleich er mit dem Begräbniß seines Vaters und seiner Mutter geziert war, immer geringer achtete und weil er gegen den dasigen Bischof etwas aufgebracht und verstimmt war, ging er von dort weg. — In denselben Tagen wurde Bonifacius, der reichste Markgraf[1] oder vielmehr Tyrann in Italien, von zwei Reisigen aus einem Hinterhalt abgefaßt, mit Pfeilen verwundet, starb und wurde zu Mantua begraben. — Als der Kaiser um die Zeit der Litaneien zu Solothurn eine Versammlung hielt, gingen einige Burgunder wegen erfahrener Kränkung fort; allein nicht lange nachher kamen manche derselben zurück und söhnten sich mit ihm aus. Von hier aus ging er, nach Abhaltung des Pfingstfestes in Zürich, wieder zum Ungarischen Feldzuge ab. Und da Andreas, der König von Ungarn, immer weniger für die Forderung seines Friedensbündnisses anführte und versprach, so belagerte er die Burg Preßburg und konnte sie, ungeachtet der langen Befehdung mit verschiedenen Kriegsmaschinen, da Gott den Belagerten, die ihn mit ihrem Angstgeschrei anriefen, beistand, bei steter Vereitlung seiner Bestrebungen auf keine Weise einnehmen. Inzwischen rief der Herr Papst Leo, der auf Andreas Einladung sich für den Friedensschluß verwendete, den Kaiser von der Belagerung ab, und fand ihn durchgängig mit sich einverstanden; weil er dagegen den Andreas weniger seine Rathschläge befolgen sah, so wurde er unwillig, drohte ihm wegen Verhöhnung des aposto-

---

[1] Von Toscana, in zweiter Ehe vermählt mit Beatrix, Tochter Friedrichs II. Herzogs von Oberlothringen, mit welcher er die berühmte Mathilde zeugte.

lischen Stuhles mit Excommunication, zog mit dem Kaiser ab und blieb mit ihm eine Zeit lang zusammen. In denselben Tagen gebar die Kaiserin dem Kaiser wieder einen Sohn, den sie nachher Konrad nannten. — Zwischen dem Bischof Gebehard zu Regensburg und dem Herzog Konrad von Baiern erhob und erhielt sich ein großer Zwiespalt. Die Ueberreste des seligen Bekenners Zeno wurden von dem Veroneser Bischof Walthar nach Alamannien in den Weiler Ulm gebracht, und durch sehr viele Wunderthaten berühmt. Zu Constanz stürzte die Basilica der heiligen Maria ein.

1053. Der Kaiser beging mit dem Herrn Papst und vielen Bischöfen und Fürsten das Geburtsfest des Herrn zu Worms. Da der Papst dort, wie er längst begonnen hatte, die Abtei zu Fulda und einige andere Oerter und Klöster, die dem heiligen Petrus vor langer Zeit geschenkt sein sollen, vom Kaiser zurückforderte und die Forderung betrieb, so übergab ihm endlich der Kaiser tauschweise die meisten ihm zu Recht zuständigen Besitzungen in den jenseit Rom gelegenen Landschaften statt der diesseits der Alpen. Und da der Papst auch wegen der Gewaltthätigkeiten und Unbilden der Nordmänner, die gegen seinen Willen die Besitzungen des heiligen Petrus mit Gewalt behielten, viele Beschwerden erhob, so sendete ihm der Kaiser zu ihrer Vertreibung Hülfstruppen. Denn dieses Volk floß seit den Zeiten des vorigen Kaisers Heinrich in die Gegenden von Calabrien, Samnium und Campanien allmählich von den Küsten des gallischen Oceans zuströmend zusammen, und weil es kriegerischer als die Italienischen Völker zu sein schien, so wurde es anfangs freundlich aufgenommen und stand den Eingebornen häufig gegen die Einfälle der Griechen und Saracenen kühn kämpfend bei. Nachher aber, als Mehrere in dieses fruchtbare Land herzueilten, so nahmen sie an Stärke zu, bedrängten selbst die Einheimischen, traten eine unrechtmäßige Herrschaft an, nahmen den rechtmäßigen Erben Burgen, Landgüter, Weiler, Häuser, auch, wenn sie wollten, die Frauen gewaltsam weg, plünderten die Besitzungen der Kirchen, verwirrten göttliche und menschliche Rechte, wie sie durch ihre Stärke mächtiger wurden, und fügten sich weder dem apostolischen Oberpriester, noch selbst dem Kaiser, außer nur in Worten. Auf Ausrottung ihrer schmählichen und unvertilgbaren Verbrechen aus jenen Gegenden und auf die Befreiung der Eingebornen von ihnen richtete daher der Herr Papst seinen Sinn, und schied in großer Freundschaft von dem Kaiser, um nach Rom zurückzukehren. Ihm folgten aber sehr viele Deutsche theils auf Befehl ihrer Herren, theils durch die Aussicht auf Gewinn bewogen, auch viele Verbrecher und Frevler, welche wegen verschiedener Schuld des Landes verwiesen waren. Diese alle nahm er theils aus gewohnter Theilnahme bei seiner übergroßen Barmherzigkeit, theils auch weil er ihrer Hülfe zu dem bevorstehenden Kriege zu bedürfen schien, gnädig und freundlich auf. Er ging also durch Alamannien, feierte die Reinigung der heiligen Maria zu Augsburg und den 7. Sonntag vor Ostern zu Mantua, und nachdem bei einem daselbst entstandenen Auflaufe einige der Seinigen getödtet worden waren, so kam er in den Tagen der Fasten nach Rom. In denselben Tagen brachen in Italien gewisse Seen, welche einst Julius Cäsar mit Quadersteinen, einem, wie man meinte, ewigen Bauwerke, verstopft haben soll[1], bei einer übergroßen Wassermasse hervor und bewirkten, daß auch die Narnia und der Tiber ungewöhnlich stark austraten, und durch die plötzliche Ueberfluthung wurden viele Gebäude, selbst die Brücke von Narni, zerstört und viele Sterbliche kamen um. — Der Kaiser blieb in Sachsen zu Merseburg und beging mit dem Dänenkönige[2] das Osterfest, und in eben diesen Tagen nahm

---

[1] Es ist wohl der Emissarius des Lacus Velinus von Curius Dentatus gemeint.
[2] Svend Estrithson.

1053.

er dem Herzog Konrad von Baiern, dem er schon früher Feind
war, wegen einer Anklage nach dem Urtheile einiger Fürsten
das Herzogthum. In dieser Zeit murrten sowohl die Ersten
des Reichs, als auch die Niedern immer mehr gegen den Kaiser
und klagten, daß er von der Haltung seiner anfänglichen Ge=
rechtigkeit, des Friedens, der Frömmigkeit, der Gottesfurcht und
mancher Tugenden, worin er von Tag zu Tag hätte zunehmen
sollen, allmählich zu Gewinnsucht und Sorglosigkeit umgeschlagen
sei und daß er sich immer verschlechtere. — Das Kloster zu
Altdorf geht in Feuer auf. — Der Herr Papst hielt nach
Ostern eine Synode zu Rom und brach dann gegen die Nord=
mannen seinem Entschluß gemäß mit dem Heere auf. Und da
jene um Frieden baten, ihm Unterwerfung und Dienstbarkeit
versprachen, und was sie früher mit Unrecht sich angemaßt und
besetzt hatten, mit seiner Erlaubniß und Vergünstigung behalten
zu wollen erklärten, dieses aber der Papst abschlug und die
mit Gewalt und Unrecht geraubten Besitzungen des heiligen
Petrus zurückforderte und ihnen befahl aus der widerrechtlich
überzogenen Gegend zu gehen, so wiesen jene, weil sie an Zahl
weit überlegen waren, diese Forderung als eine Sache der
Unmöglichkeit zurück, und erklärten, daß sie ihm vielmehr sich
im Kampf entgegenstellen, das mit Waffen eroberte Vaterland
mit den Waffen vertheidigen oder im Tode unterliegen wollten.
Und so schlugen sie sich am 18. Juni in einer gewaltigen
Schlacht, und wurden in dem ersten Treffen von den Deutschen
beinahe besiegt. Allein als sie mit dem Nachhalt die Unsrigen
aus dem Hinterhalt umgingen, die Italiener aber sofort die
Flucht ergriffen, und die Deutschen zum größten Theile, allein
nicht ungerächt, unterlagen nach Gottes unerforschlichem Gericht
— sei es weil einem so hohen Priester eher mit geistlichen
Waffen als für so vergängliche Dinge mit der Faust zu kämpfen
ziemte, oder weil er so viele schändliche Menschen, die wegen

Straflosigkeit ihrer Verbrechen oder um Gewinn aus Habsucht zusammengeströmt waren, zur Bekämpfung von ebenso nichts= würdigen Verbrechern führte, oder weil Gott in seiner Ge= rechtigkeit die Unsrigen aus andern ihm bekannten Gründen strafen wollte — so erfochten die Feinde einen wiewohl sehr blutigen Sieg. Und nachdem der Herr Papst selbst von ihnen in einer Burg[1] belagert und bereits das Festungswerk fast schon erstürmt war, und er daher nothgedrungen die früher über sie verhängte Strafe des Kirchenbannes aufgehoben hatte, so wurde er von ihnen aufgenommen und nach Benevent, je= doch mit Ehren, zurückgebracht, und dort eine Zeit lang fest= gehalten, erhielt aber nicht die Erlaubniß zurückzukehren. — In diesem und dem vorhergehenden Jahre trat ein nicht ge= ringer Mangel an Feldfrüchten ein. — Mein Bruder, Werinhar, ein Reichenauer Mönch, ein sehr gelehrter und dem Glauben wahrhaft ergebener junger Mann, trat mit einem andern Mönche, Namens Liuthar, brennend vor Verlangen nach einem voll= kommneren Leben, heimlich eine Pilgerfahrt für Christus an[2], schickte aber einen Brief an den Abt zurück mit der Bitte um Erlaubniß, die er auch erlangte. In der Folgezeit ahmten dieses Beispiel der Abt Richard von Rheinau und Heinrich, ebenfalls ein Reichenauer Mönch, nach, verließen alles und schickten sich zu demselben Unternehmen an. — Kaiser Heinrich, hielt zu Tribur eine große Versammlung, und ließ seinen Sohn gleiches Namens von Allen zum König wählen und ihm für den Fall seines Todes, wenn er ein gerechter Regent wäre, Unterthänigkeit geloben. Da nun zu dieser Versammlung Konrad, der vormalige Herzog von Baiern, nicht kommen wollte und gegen den König mit leichten Truppen einen Aufstand begann,

---

1) Civitate.
2) Nach Jerusalem. Beide starben 1054 auf der Pilgerfahrt, wie Berthold be= richtet.

auch sich den Ungarn anzuschließen versucht hatte und in das Kärntner Land eingefallen war, so wurde er seiner Besitzungen, welche er früher dort gehabt hatte, von dem Kaiser beraubt, welcher sie gewissermaßen gesetzmäßig erwarb. Da nun dort auch die Gesandten des Königs Andreas von Ungarn, die des Friedens und eines Vertrags wegen geschickt worden waren, unter Zustimmung des Bischofs von Regensburg, eine große Summe Geldes und einen Theil ihres Landes und die Kriegsfolge zu allen Feldzügen des Kaisers außer nach Italien versprachen, und daß dieses Alles ihr König erfüllen würde, eidlich verhießen, so entließ sie der Kaiser, indem er dies Alles annehmen zu wollen mit seinem Worte gelobte, wieder nach Hause. — Hadamuta, die ehrwürdige Aebtissin von Niunburg [1], welche ihr Kloster, das früher fast eingegangen war, im Innern und nach Außen wieder rühmlich hergestellt und in sehr guten Stand gebracht hatte, ernannte eine Andere für sich, und indem sie ihren Klosterschwestern das letzte Lebewohl sagte, verschied sie, gebe Gott! selig am 29. Oktober. Auch der verrufene Bischof Hazelin von Babenberg erledigte durch seinen Tod seine Stelle. — Um dieselbe Zeit wurde der vormalige Herzog Konrad von dem König Andreas von Ungarn freundlich aufgenommen, widerrieth ihm das erwähnte Bündniß mit dem Kaiser abzuschließen, und nahm mit dessen Hülfe einen Theil von Kärnten weg, indem nach dem Anschlage einiger der Vornehmsten, welche das Land besaßen, einige andere Vornehme vertrieben wurden. Als aber der Kaiser nach Baiern kam gab er das Herzogthum des Landes seinem Sohne gleiches Namens.

1054. Bei seinem Aufenthalte in diesem Lande feierte er das Geburtsfest des Herrn in dem Weiler Oetting und verlieh dort seinem Vetter Adalbero das Bisthum der Baben-

---

[1] Die vierte Aebtissin des Nonnenklosters zu Neunburg bei Ingolstadt, welches um das Jahr 1007 von Heinrich II erbauet wurde.

berger Kirche. Dann hielt er eine Versammlung zu Regensburg, ging durch Alamannien, und ließ in Verfolgung der Diebe einige Schlupfwinkel derselben niederbrennen, fing zu Zürich die vierzigtägige Fastenzeit an, und ging nach und nach durch die Uferstädte des Rheins hinab nach Mainz, wo er das Osterfest feierte. Hier versprach ihm Theodpald, Odos Sohn, der zu ihm aus Gallien kam und sein Lehnsmann ward, seinen Beistand. — Als der Herr Papst lange zu Benevent mit Gottesdienst beschäftiget gewesen und endlich nahe vor dem Osterfeste krank nach Rom zurückgekehrt war, so starb er bei zunehmender Schwäche einen ruhmwürdigen Tod, alle vorher noch segnend und unter Ermahnungen Abschied nehmend, nachdem er dem heiligen Petrus seine Sünden bekannt und sich demüthig ihm befohlen hatte, am 16. April, wurde in der Basilica des heiligen Papstes Gregor begraben und soll sich durch Wunder bezeugt haben. — Der Herzog Gotefrid brach wieder gegen den Kaiser in Empörung aus, und ging unbemerkt nach Italien wo er die Beatrix, die Gemahlin des vormaligen Markgrafen Bonifacius, zur Gemahlin erhielt. Balduin stand gegen den Kaiser auf.

Hier schließt Herimanns Chronik.

Register.

A.

Aachen (Aquisgranum) 21. 39. 41. 47.
Abarhild, Aebtissin von Buchau 26.
Abodriten 7.
Adalbero, Bischof von Augsburg 4.
— Bischof von Bamberg 57.
— I, Bischof von Metz 9; III. 43. 46.
— Bischof von Würzburg 39.
— St. Ulrichs Neffe 16.
— Bruder der Kais. Kunigunde, Probst von St. Paulin 23.
— Herzog von Kärnten 24. 31. 32. 34.
— Graf 25.
Adalbert, Herzog von Ober=Lothringen 44. 45.
— Markgraf von Oesterreich 35. 37. 48. 50.
— Ritter 29.
Adalheid, Kaiserin 10. 13.
— Mutter Konrads II. 27. 31.
Adalpert, König von Italien 13. 15.
— von Babenberg 4.
— Graf von Marchthal 11.
Abellinde, Gräfin 3.
Adriatisches Meer 33.

Afrakirche zu Augsburg 12. 17.
Agapitus II. 10.
Agarener 18.
Agaunum 8.
Agnes, Kaiserin 36. 39. 41. 42. 45. 48.
— ihre Mutter 41.
Alamannien 3—8. 28. 29. 36. 44. 47. 54. 58.
Alawich, Abt von Reichenau 8. 13.
— II. 21.
Aldingen 6.
Alleshusan 50.
Alpen 46. 53.
Altdorf 32. 55.
Altheim 5.
Anastasius II. 5.
Andreas, König von Ungarn 40. 43. 49. 52. 57.
Anno, Abt von Sanct Gallen 13.
Aquilegia 36. 46.
Aribo, Erzbischof v. Mainz 25. 27. 29.
Arnolf, Herzog von Baiern 8.
— dessen Sohn 8. 11.
Asti, Bischof 31.
Ato, Graf 3.

Augsburg (Augusta Vindelica) 4. 7. 11. 12. 16—18. 21. 36. 42. 47. 48. 54.

B.

Babenberg, Bamberg 4. 23. 25. 26. 34. 40. 44. 49.
Baierisches Gesetz 38.
Baiern (Bajoarii) 4. 5. 8. 9. 12. 35. 44. 45. 47. 48. 57.
Balduin V v. Flandern 43. 46. 58.
Bardo, Erzbischof v. Mainz 29. 49.
Basel (Basilea) 6. 41.
Beatrix, Markgräfin 58.
Beggelinheim 38.
Benedict IV. 4.
— V. 14.
— VI. 16. 17. 19.
— VII. 17.
— VIII. 24—26.
— IX, Theophylact 30. 32. 33. 38.
Benevent 26. 42. 47. 56. 58.
Berhtold, Bruder Erchangers 6.
Berhtolf, Herzog v. Baiern 8. 10.
Beringar II, König v. Italien 10. 11. 13.
— Sohn des Grafen Ato 3.
Bern, Abt v. Reichenau 23. 24. 29. 30. 44. 45.
Bernulf, Bischof v. Utrecht 46.
Bertha, Berhtrada, Herimanns Großmutter 12. 24. 30.
Blut des Herrn 6. 44.
Boehmen (Boemia, Boemani) 7. 11. 22. 34. 36. 39.
Bolizlav Chabry, König v. Polen 22.

Bonifatius, h. 8.
— VII, des Ferrucius Sohn 17. 19.
— Markgraf 52—54. 58.
Braga, Prag 39.
Breisach (Brisacha) 9.
Brescia (Brixia) 32.
Brezesburg, Preßburg 35. 52.
Brezizlav, Herzog v. Boehmen 34. 35. 44. 49.
Brixen (Brixensis) 45.
Bruno, Gregor V. 24.
— Erzbischof v. Köln 15.
— Bischof v. Augsburg 22. 27. 28.
— Bischof v. Toul 46. 48; s. Leo IX.
— Bischof v. Würzburg 31. 39.
Buchau (Bouchaugia) 3. 26. 28. 30. 50.
Burchard I, Herzog v. Schwaben 4.
Burghard II, Herzog v. Schwaben 6. 7.
— III, Herzog v. Schwaben 13. 15. 17.
— Erzbischof von Lyon 30. 32.
— Abt von Kempten und Rheinau 27.
— Abt von St. Emmeram 29.
— Abt von St. Gallen 13.
— II. 21. 26.
Burgund 5. 8. 20. 25. 29. 30. 33. 35. 38. 44. 50. 52.

C.

Calabrien 18. 53.
Campanien 14. 18. 26. 53.
Capua 26.
Champagne (Campania Gallica) 19. 20. 33.

Register. 61

Chievremont (Caprimons) 9.
Chilian, h. 10.
Christoforus, Pabst 4.
Chunihild, Heinrichs III Gemahlin 31. 33.
Chutilineburg, Quedlinburg 8.
Civitate 56.
Clemens II, Suideger 41. 43.
Cluny (Cloniacum) 46.
Cöln 15. 25. 31. 48.
Constantinopel 17. 19. 28.
Constanz 6. 7. 17. 18. 20. 25—27. 29. 30. 36. 41. 49. 53.
Cornelius und Cyprian, hh. 3.
Cremona 32.
Crescentius, Sohn der Theodora 17.
Cur 15.

D.

Dänen 54.
Damasus II. 45.
Deutsche (Theutonici) 54. 55.
Deutschland (Germania) 26.
Dietwin, Bischof v. Lüttich 45. 46.
Dilinga, Dillingen 16.
Donau (Danubius) 35. 49. 50.
Durand, Bischof v. Lüttich 26.

E.

Eberhard, Patriarch v. Aquileja 36. 46.
— Erzbischof v. Trier 43.
— Bischof v. Augsburg 28. 42.
— Bischof v. Bamberg 23. 34. 40.
— Bischof v. Constanz 30. 41.
— Abt v. Einsiedeln 13.
— K. Konrads Bruder 8. 9.
Eggehard, Markgraf v. Meißen 39.

Eggehard, Abt von Reichenau 13. 16.
— v. St. Gallen 19.
Einhard, Bischof v. Speier 5.
Einsiedeln 13.
Elbe (Albia) 31.
Elsaß (Alsatia) 6—8.
Engilbert, Abt v. St. Gallen 6.
Erchanger v. Schwaben 4—6.
Erchenbald, Erzbischof v. Mainz 24. 25.
Erichgau 3.
Ernuft I, Herzog v. Schwaben 24. 25.
— II, 25. 27—29.
— Markgraf v. Oesterreich 22.
Etich, Bischof v. Augsburg 18.

F.

Faillan, Schottenmönch 20.
Flandern 43.
Franken (Francia), Ostfranken 4. 8. 12. 44.
— Deutschland 6.
Freising 45. 52.
Friderich, Herzog v. Lothringen 40. 43.
— Graf v. der Mosel 23.
Fridurich, Erzb. v. Mainz 11. 13.
Friesland (Fresia) 33. 39.
Fulda 8. 53.

G.

Gallien (Galliae) 6. 7 — 10. 18. 29. 45. 47. 48 58.
Gamenolf, Bischof v. Constanz 17. 18.
Garganus 41.
Gazmer, Kasimir von Polen 47.

Gebehard, Erzb. v. Ravenna 38.
— II, Bischof v. Constanz 18.
— I, Bischof v. Regensburg 26.
— II. 26. 31.
— III. 31. 47—49. 53. 57.
Genf (Genuensis urbs) 30.
Gerbert, Silvester II. 21. 22.
Gerbirga, Gemahlin Herimanns II v. Schwaben 21.
Gerhard, Herzog v. Oberlothringen 45.
— Lothr. Graf 25.
— Abt von Reichenau 19.
— Sohn des Grafen Ato 3.
Gerolt, Burgunder 38.
Gisalbert, Herzog v. Lothringen 9.
Gisela, Kaiserin 24. 25. 27. 36.
— Mutter Heinrichs II. 20.
— Gemahlin des K. Stephan v. Ungarn 20.
Godefrid, Gotefrid, Herzog v. Lothringen 25. 37. 39. 40. 43—46. 58.
Gorze (Gorzia) 22.
Goslar 36. 38. 39. 48. 50.
Gotebald, Patriarch von Aquileja 46.
Gozzilo, Herzog v. Lothringen 33. 37.
— dessen Sohn 37. 40.
Gralo, Abt v. Sanct Gallen 9.
Gran (Grana) 36.
Gratian 40, s. Gregor VI.
Gregor V, Bruno 20. 21.
— VI, Gratianus 38. 40.
— Bischof v. Vercelli 48.
Griechen 18. 19. 53.
Gunthar, Eremit 34. 39.

H.

Hadamuta, Aebtissin v. Neunburg 57.
Hardpert, Bischof v. Cur 11. 12.
Hartmann, Abt v. Sanct Gallen 6.
Hatto I, Erzb. v. Mainz 4. 5.
Hazelin, Bischof v. Bamberg 56.
Heimenburg, Heimburg 35. 48.
Heimo, Bischof v. Constanz 26. 27.
Heinrich I, König 6—8.
— II, Kaiser 20—26. 53.
— III. 28. 31—58.
— IV. 48. 56. 57.
— I, König v. Frankreich 45.
— I, Herzog v. Baiern 8—11. 13.
— II, Herzog v. Baiern 13. 17. 18. 20.
— v. Lützelburg, Herzog v. Baiern 23. 24. 40. 43.
— Herzog v. Kärnten und Baiern 18. 25.
— v. Schweinfurt, Markgraf vom Nordgau 21. 22.
— Konrads II Vater 27.
— Erzb. v. Ravenna 51.
— Bischof v. Augsburg 17. 18.
— Bischof v. Constanz 42.
— erwählter Abt v. Reichenau 22.
— Mönch in Reichenau 56.
Heribert, Erzbischof v. Köln 25.
— Erzbischof v. Mailand 32. 33. 38.
—, Heribraht, Abt v. Reichenau 5. 6.
— Graf v. Vermandois 9.
Heriger, Erzb. v. Mainz 5. 7.
Herimann, Erzb. v. Cöln 31. 48.
— I, Herzog v. Schwaben 7. 10.

Herimann II, Herzog v. Schwaben 21. 22.
— III. 22. 24. 28.
— IV. 31. 33.
— der Lahme 24. 25.
Herrand, Bischof v. Straßburg 41.
Hilara, Iller 12.
Hildigard, Aebtissin v. Buchau 28.
Hildipert, Erzb. v. Mainz 7.
Hiltine, Bischof v. Augsburg 4.
Hiltrud, Herimanns Mutter 24. 50. 51.
Hugo, Herzog v. Francien 9.
— Sohn Richards v. Burgund 9.
— Abt v. Reichenau 5.
Hunfrid, Erzbischof v. Ravenna 41. 48. 49.

J.
Jerusalem 3.
Immo (Ymmo), Abt v. Reichenau 22. 23.
— Abt v. St. Gallen 7. 9.
Ingelenheim 10. 16. 36.
Inn (Ine) 5.
Johannes X. 5.
— XI. 7.
— XII, Octavian 12—14.
— XIII. 15.
— XIV, Petrus v. Pavia 19.
— XV. 19.
— XVI. 22.
— XVII, Fasanus 23.
— XVIII. 26. 28—30.
—, Sohn des Crescentius 15.
Jporegia, Jvrea 28.
Irmendrud, Aebtissin v. Buchau 26.
Irmengard, Graf Welfs Gemahlin 32.

Jsanrich, Gräf 3.
Jstrien (Histria) 31. 32.
Ita, Gemahlin Liutolfs 10.
Italien 8. 10—15. 18. 20—22. 24. 27. 28. 31—33. 40. 42. 46. 52. 55. 57. 58.
Julius Cäsar 54.
Jupitersberg, Gr. St. Bernhard 46.

K.
Kärnten (Carentanum) 3. 49. 57.
Kamba 27.
Karl (der Einfältige), König v. Frankreich 6.
Kempten (Campidona) 27. 47.
Ketzer 50.
Kibichenstein, Giebichenstein 39.
Kiburg (Cuiyburg) 28.
Knut, König v. England und Dänemark 31.
Konrad (Counradus) I, König 4. 6.
— II. 25—34.
—, Heinrichs III Sohn 53.
— König v. Burgund 8. 20. 21.
— König Konrads Vater 4.
— Herzog v. Baiern 45. 48. 53. 55—57.
— Herzog v. Kärnten 24. 31. 32.
— der Jüngere, Herzog v. Kärnten 24. 25. 27. 28. 32. 34.
— Herzog v. Lothringen 12.
— Herzog v. Schwaben 18. 21.
— Bischof v. Constanz 8. 17.
Kunigunde, Kaiserin 23.

L.
Lando, Papst 5.
Lantpert, Bischof v. Constanz 20. 24. 25.

Lantpert, Graf v. Löwen 49.
Lech (Licus) 12.
Leitha (Litaha) 36.
Leo V. 4.
— VI. 5.
— VII. 8.
— VIII. 14. 15.
— IX, Brun 46—48. 53—56. 58.
Leutizen 31. 32; Liutizen 39.
Lindau (Lindaugia) 10. 50.
Lintpurg, Limburg a. d. Hardt 31. 33.
Liutgard, S. Ulrichs Schwester 12. 16.
Liuthar, Mönch in Reichenau 56.
Liuthard, Probst v. Reichenau 6. 8.
Liutolf, Ottos I Sohn 10—13.
— Erzbischof v. Trier 23.
Liutpald, Erzbischof v. Mainz 49.
— Graf (Herzog) v. Baiern 4.
— Markgraf v. Oesterreich 35. 37.
Lothar, König v. Frankreich 18.
— König v. Italien 10.
Lothars Reich, Lothringen 6. 8. 9. 24. 25.
Lucca 27. 28.
Ludowich das Kind 3. 4.
— IV, König v. Frankreich 9. 10.
— Graf v. Mömpelgard 38.
Lüttich (Leodium) 26. 45. 46.

M.

Mährer (Marahenses) 3.
Magdeburg 16.
Mahthilde, Mutter des jüngeren Konrad 27. 31.
Mailand 32. 39.
Mainz (Mogontia, Mogontiacum) 5. 7. 13. 24. 25. 29. 36. 47. 49. 58.
Mandichinga, Schwabmünchen 11.
Manegold, Graf v. Nellenburg 29.
Mantua 42. 44. 52. 54.
Marhtale, Marchthal 11.
Marinus II. 9.
Meginfrid, Markgraf v. Susa 31.
Megingaud, Erzbischof v. Trier 23. 25.
Meginhard, Bischof v. Würzburg 31.
Meginrad, h. 13.
Merseburg 54.
Metz 9. 43. 45. 46.
Mirmidona 10.
Misico, Herzog v. Polen 29.
Mons Cenerus 15.
Moritz, h. 8. 20.
Moymar, Herzog v. Mähren 3.
Murten (Murtena) 29. 30.

N.

Narni 15. 54.
Narnia, Fluß 54.
Neapel 26.
Neuenburg (Nuenburg) 29.
Niunburg, Neunburg 57.
Nizo, Bischof v. Freising 51. 52.
Nordmannen 7. 26. 41. 53.
Nordpert, Abt v. St. Gallen 31.
Norisch, Baierisch 3.
Noting, Bischof v. Constanz 6. 7.
Notker, Abt v. Sanct Gallen 16.
— (Balbulus) 5.
— (Teutonicus) 26.
Noviomagus, Nimwegen 31.

O.

Ocean 8; gallischer 53.
Octavian, Johann XII. 12. 14.

Register.

Obilo, Abt v. Cluny 46.
Odo, Graf der Champagne 29. 30. 33. 58.
Oetting am Inn (Otinga) 57.
Otpert, Bischof v. Straßburg 5.
Otto I, Kaiser 1—16.
— II. 13. 16.—19.
— III. 19—21.
— Herzog v. Kärnten 20. 24. 25.
— Sohn Liutolfs, Herzog v. Schwaben 13. 17. 18.
— III, v. Schweinfurt 44.
Ovo, König v. Ungarn 35—38.

P.

Pannonien 8; s. Ungarn.
Papia, Pavia 11. 13. 14. 22. 32. 40. 46.
Parma 33. 42.
Parthenopolis, Magdeburg 16.
Paterna 21.
Peier, Graf 12. 16.
Persenbeug 39.
Petershausen 18. 20.
Petrus, König v. Ungarn 33—35. 36. 38. 40. 43.
— Präfect v. Rom 15.
Phladirtingen, Vlaardingen 39. 43. 44. 46.
Piacenza (Placentia) 32. 40.
Piligardens Berg, Mömpelgard 38.
Piligrin, Erzbischof v. Cöln 25. 27. 28. 31.
— Herimanns Großvater 24.
Pirhtilo, Abt v. Rheinau 27.
Plumbia, Pombia 13.
Po (Padus) 22.
Polen (Bolani, Boloni) 22. 29. 47. 50.

Pomposia 42.
Poppo, Patriarch v. Aquileja 32. 36.
— Erzbischof v. Trier 25. 37. 43.
— Bischof v. Brixen 45.
Preßburg (Brezisburg) 35. 52.
Prüm 22. 23.

R.

Raab (Raba) 29. 37.
Rabaniza, Repcze 50.
Rachildis, Klausnerin 6. 7. 10.
Ravenna 21. 32. 38. 40—42. 48. 49. 51. 52.
Regensburg (Ratispona) 4. 12. 26. 28. 31. 35. 44. 45. 58.
Reginbald, Bischof v. Speier 34.
Reginher, Markgraf 28.
Reginold, Reginolf, Graf v. Burgund 38.
Reginolf, Sohn des Grafen Ato 3.
Reichenau (Augia) 5—8. 10. 13. 16. 17. 19—22. 29. 44—47. 56.
Reims (Remi) 21. 47.
Rhein (Rhenus) 8. 9. 18. 58.
Rheinau (Rhenaugia) 27. 56.
Richard, Abt v. Rheinau 56.
Richwin, Graf 16.
Rodan, Rhone 30.
Rodfred, Graf 15.
Rom 4. 5. 7—10. 12. 14—24. 26—30. 33. 38. 40—43. 45—48. 53—55. 58.
Rudhard (Roudhardus), Bischof v. Constanz 25. 26.
Rudmann (Roudmannus), Abt v. Reichenau 16. 19.
Rudolf (Roudolfus) I, König v. Burgund 5.
— II. 6. 8. 10.

Geschichtschr. d. deutsch. Vorz. XI. Jahrh. 5. Bd. 2. Aufl. 5

Rudolf III, König v. Burgund 20. 29.
Rudpert (Roudpertus) Mönch in Reichenau 23.
Rumald, Bischof v. Constanz 49.

S.

Sachsen 4. 6. 8. 9. 22. 31. 35. 39. 41. 44. 46—48. 50. 54.
Salerno 26.
Salomo III, Bischof v. Constanz 5.
Samnium 53.
Sanct Emmeram, Regensburg 29.
— Gallen 5—10. 13. 16. 17. 19—21. 26. 31.
— Moriz 8. 20.
Saracenen 18. 53.
Schwaben (Suevi) 15. 25. 27. 36. 44.
Schwarzwald (silva Martiana) 29.
Schweinfurt (Suinfurt) 44.
Seine (Sequana) 9.
Seliger 29. 32.
Sergius III. 4.
— IV. 24.
Sibicho, Bischof v. Speier 34. 36. 52.
Silvester II, Gerbert 21. 22.
— III. 38.
Slaven (Sclavi) 22. 31. 32. 39.
Solothurn (Solodorum) 33. 38. 44.
Soraben 7.
Speier (Nemetum, Spira) 5. 34. 36. 41. 42. 46. 48. 52.
Spoleto 14.
Stephan VII. 7.
— VIII. 9.
— König v. Ungarn 20. 29. 33.
Straßburg (Argentina) 5. 13. 21. 22. 28. 41. 45.
Suideger, Bischof v. Bamberg 35. 40; s. Clemens II.
Sutria, Sutri 40.
Svend Estrithson 54.

T.

Theoderich, Bischof v. Constanz 41. 44. 49.
— II, Bischof v. Metz 23. 43.
— Bischof v. Verdun 41.
— Herzog v. Ober-Lothringen 24.
— Graf v. Holland 39. 43. 46.
Theodpald, Graf der Champagne 58.
— Graf v. Dillingen 11. 12. 16.
Theopald, Abt v. Sanct Gallen 26. 31.
Theophanu, Kaiserin 19.
Thieting, Abt v. Reichenau 5.
Thieto, Abt v. Sanct Gallen 7.
Thüringen 4.
Tiber 54.
Toul (Leucorum civitas) 46. 48.
Touta, Äbtissin v. Lindau und Buchau 50.
Tribura, Trebur 31. 39. 56.
Trident, Trient 33.
Trier 23. 25. 37. 43.
Troja in Apulien 26.
Tuscien 27.
Tussa, Jllertissen 12.

U.

Udalrich (Oudalricus) Bischof Augsburg 7. 11. 12. 15—17.
— Abt v. Reichenau 45. 46.
— Abt v. Sanct Gallen 19.
— Seligers Sohn 31.
Ulm 25. 28. 44. 45.
Ungarn (Ungarii, das Land Pan-

noniae) 3—9. 12. 29. 34—38. 40. 43. 47—50. 52. 57.
Utrecht (Trajectum) 33. 39. 46. 47. 53.
Uttenbura, Ottobeuren 16.

V.

Venedig (Venetia) 33.
Vercelli (Vercellae) 27. 48.
Verdun (Viridunum) 41. 44.
Verona 22. 32. 47. 53.

W.

Walther, Bischof v. Verona 53.
Warmann, Bischof v. Constanz 27. 30.
Wazo, Bischof v. Lüttich 45.
Welf, Herzog v. Kärnten 42. 49.
— Graf 27. 28. 32. 43.
Werin, Ritter 29.
Werinhar, Bischof v. Straßburg 25. 28.
— Abt v. Reichenau 21. 22.
— Bruder Herimanns 26. 56.
— Graf v. Kiburg 28. 29.

Wiborada, Klausnerin 5. 7.
Wibeger, Erzbischof v. Ravenna 38. 40.
Widerold, Bischof v. Straßburg 21.
Wido, Erzbischof v. Mailand 39.
— Abt v. Pomposia 44.
— Berengars II Sohn 15.
Willigis, Erzbischof v. Mainz 24.
Willihelm, Erzb. v. Mainz 13.
— Bischof v. Straßburg 28. 41.
— Graf v. Poitou 36.
Wintertur 6.
Wirbina, Werben 31.
Witegowo, Abt v. Reichenau 19. 21.
Wolferad, Großvater und Vater Herimanns 24. 50.
Wolfgang, Bischof v. Regensburg 17.
Wolfpoto, Bischof v. Lüttich 26.
Worms (Wormatia) 7. 8. 43. 53.
Würzburg (Wirzeburg) 31. 39. 44.

Z.

Zeno, h. 53.
Zürich (Turegum) 44. 52. 58.